Ulrich Manz

Gott ist Licht

Ulrich Manz

Gott ist Licht

Ein persönliches Glaubenszeugnis

Fromm Verlag

Imprint

Any brand names and product names mentioned in this book are subject to trademark, brand or patent protection and are trademarks or registered trademarks of their respective holders. The use of brand names, product names, common names, trade names, product descriptions etc. even without a particular marking in this work is in no way to be construed to mean that such names may be regarded as unrestricted in respect of trademark and brand protection legislation and could thus be used by anyone.

Cover image: www.ingimage.com

Publisher:
Fromm Verlag
is a trademark of
International Book Market Service Ltd., member of OmniScriptum Publishing Group
17 Meldrum Street, Beau Bassin 71504, Mauritius

Printed at: see last page
ISBN: 978-620-2-44237-4

„Das ist die Botschaft,
die wir von ihm gehört haben
und euch verkünden:
Gott ist Licht
und keine Finsternis ist in ihm.“

1. Johannesbrief 1, 5

Einführung

Alles begann in der Osternacht. Es war Frühling. Die Sonne war noch nicht aufgegangen. Atemlose Stille erfüllte die Tiefe der Morgendämmerung. Zaghaft meldeten sich die ersten Vogelstimmen zu Wort. Die Gemeinde hatte sich um das Osterfeuer versammelt, um an ihm die Osterkerze zu entzünden und das Lob des auferstandenen Christus anzustimmen. Ich blickte in die warm leuchtenden Flammen, vernahm das Knistern der Holzscheite, kleine Funken, die lebhaft im Dunkel der Nacht entschwanden, den Duft von frischem Rauch. Was für ein Naturereignis! Wer einen Sinn dafür hat, kann verstehen, was Mose am brennenden Dornbusch erlebt hat: dass nämlich Feuer, sein Glanz, seine Wärme und sein Licht inspirierend sein können. Feuer kündet vom Anfang der Schöpfung, als Gott sprach: „Es werde Licht!" *(Gen 1, 3)* Es macht diesen Gott gegenwärtig, der zu Mose gesagt hat: „Ich bin der *Ich-bin-da!*" *(Ex 3, 14)* Zugleich versteht man die Gotteserfahrung im Buch der Psalmen: „Wohl dem Volk, das dich als König zu feiern weiß! Herr, sie gehen im Licht deines Angesichts." *(Ps 89, 16)* Ja, reine Gegenwart ist dieses Feuer. Es macht, dass die Zeit stehenbleibt. Das Feuer lässt durchblicken zur Ewigkeit. Der Geist Gottes erscheint wie geballte Energie durch die Kraft dieser Flammen hindurch. Ein Pfingstlied von Maria Luise Thurmair spricht davon: „Der Geist des Herrn durchweht die Welt, gewaltig und unbändig; wohin sein Feueratem fällt, wird Gottes Reich lebendig."

Nun war mir das Osterfeuer stets wie eine Erinnerung an das, was meinem Geist zu erkennen möglich ist, aber häufig in Vergessenheit gerät: Der Mensch steht unmittelbar zu Gott. Gott ist Licht. Gott ist Gegenwart. Gott ist da. Jetzt und in alle Ewigkeit. Der französische Mathematiker und Philosoph Blaise Pascal nannte ihn den Gott Abrahams, Isaaks und Jakobs. Gott war ihm *Feuer*. Diese mystische Intuition hat er auf ein Stück Papier geschrieben und in das Futter seines Mantels eingenäht. Nie wollte er das vergessen, was er in einer nächtlichen Vision mit einem Schlag begriffen hat: „Jahr der Gnade 1654. Montag, den 23. November, Tag des heiligen

Klemens, Papst und Märtyrer, und anderer im Martyrologium. Vorabend des Tages des heiligen Chrysogonos, Märtyrer, und anderer. Seit ungefähr abends zehneinhalb bis ungefähr eine halbe Stunde nach Mitternacht. Feuer. Gott Abrahams, Gott Isaaks, Gott Jakobs, nicht der Philosophen und Gelehrten. Gewissheit, Gewissheit, Empfinden: Freude, Friede. Gott Jesu Christi. Deum meum et Deum vestrum. Dein Gott wird mein Gott sein. *(Ruth 1, 16)* Vergessen von der Welt und von allem, außer Gott. Nur auf den Wegen, die das Evangelium lehrt, ist er zu finden. Größe der menschlichen Seele. Gerechter Vater, die Welt kennt dich nicht; ich aber kenne dich. *(Joh 17, 25)* Freude, Freude, Freude und Tränen der Freude. Ich habe mich von ihm getrennt. De reliquerunt me fontem aquae vivae. *(Jer 2, 13)* Mein Gott, warum hast du mich verlassen. *(Mk 14, 35)* Möge ich nicht auf ewig von ihm geschieden sein. Das ist aber das ewige Leben, dass sie dich, der du allein wahrer Gott bist, und den du gesandt hast, Jesum Christum, erkennen. *(Joh 17, 3)* Jesus Christus! Jesus Christus! Ich habe mich von ihm getrennt, ich habe ihn geflohen, mich losgesagt von ihm, ihn gekreuzigt. *(Hebr 6, 6)* Möge ich nie von ihm geschieden sein. Nur auf den Wegen, die das Evangelium lehrt, kann man ihn bewahren. Vollkommene und liebevolle Entsagung. Vollkommene und liebevolle Unterwerfung unter Jesus Christus und meinen geistlichen Führer. Ewige Freude für einen Tag geistiger Übung auf Erden. Non obliviscar sermones tuos. *(Ps 119, 16)* Amen."

Die glühende Begeisterung, die aus Pascals *Mémorial* spricht, macht umso deutlicher, wie leblos und oberflächlich heutzutage vieles im Raum der institutionalisierten Religionen geworden ist. Oft habe ich den Eindruck, dass zwar ständig von Glaube und Kirche, von Christus und Nachfolge die Rede ist, aber dass Gott in seinem Wesen und in seiner großartigen Gegenwart unter uns Menschen gar nicht mehr vorkommt. Es scheint, als wäre Gott vergessen worden, und die Menschheit müsste immer wieder neu an Gott als „Quelle des Lebens" *(Ps 36, 10)* erinnert werden. Diesem Anliegen will ein Schlagwort dienen, das sich aus meiner Gedankenwelt allmählich herauskristallisiert hat und einer lebendigen

Begegnung mit Gott den Weg bereiten möchte: das *Forschungsprojekt Gott.* Was so zeitgemäß klingt, hat jedoch eine Jahrtausende währende Tradition, wie das Buch der Psalmen beweist. Dort heißt es: „Gott, du mein Gott, dich suche ich, meine Seele dürstet nach dir... Ich denke an dich auf nächtlichem Lager und sinne über dich nach, wenn ich wache." (Ps 63, 2. 7)

Am Anfang dieses Forschungsprojekts stand für mich jene intuitive Wahrnehmung, die den französischen Schriftsteller André Frossard zu seinem berühmten Buchtitel veranlasst hat: „Gott existiert. Ich bin ihm begegnet." Bei mir ist diese Erfahrung nicht so punktuell wie bei Frossard oder bei Pascal. Sie spannt sich vielmehr wie eine milde, lichterfüllte Wirklichkeit über meinen Lebensweg. Durch tägliche Aufzeichnungen habe ich versucht, meine intuitive Wahrnehmung Gottes zur Sprache zu bringen und dadurch auch geistig klarer vor Augen zu haben. Wie von selbst ergab sich daraus die Notwendigkeit, von der menschlichen Seele zu sprechen, vom Erkenntnisweg der Mystik, vom Heiligen Geist, von Jesus Christus als dem Sohn Gottes und von Gott, dem Vater, dem Schöpfer des Himmels und der Erde.

Die vorliegenden Betrachtungen kreisen folglich in ihrem Suchen und Fragen um jenes zentrale Thema, das der lateinische Kirchenvater Augustinus in seinen *Selbstgesprächen* so formuliert hat: „Gott und die Seele begehre ich zu erkennen. Sonst nichts weiter? Ganz und gar nichts." *(lat. Deum et animam scire cupio. Nihilne plus? Nihil omnino." – Soliloquia I. 7, 1)* In der Tat stellt der Begriff der Seele meines Erachtens den Dreh- und Angelpunkt zwischen endlicher Vernunft und göttlicher Schöpferkraft dar. Die Seele ist sozusagen das fehlende Bindeglied *(engl. missing link)* im Aufstieg zu Gott. Indem ich Gottes Gegenwart bewusst wahrnehme, vermag ich nicht nur in mir selbst so etwas wie eine Seele zu erkennen. Darüber hinaus blicke ich aufmerksam auf die mich umgebende Wirklichkeit und beginne, in allem, was da ist, eine seelische Dimension wiederzuerkennen: Gestalt gewordene Gedanken Gottes. Anders gesagt: Wie ich in einem Kunstwerk das kreative Bewusstsein des Künstlers erahne, so erahne ich in der Schöpfung das kreative Bewusstsein Gottes. Ich werde ein Teil von ihm, fühle mich ihm wesensverwandt und strebe danach, diesen Gott kennen zu lernen, zu ihm zurückzukehren und mit ihm eins zu sein. Das ist es, was man im allgemeinen als *Gottesmystik* bezeichnet. Mit Hans Urs von Balthasar ist dies ein Verweilen in der *symphonischen Wahrheit*: „Gott führt in seiner Offenbarung eine Symphonie auf, von der man nicht sagen kann, was reicher ist: der einheitliche Einfall seiner Komposition oder das polyphone Orchester der Schöpfung, das er sich dafür bereitet hat. Die göttliche Symphonie aufführend, erfahren alle, wozu sie versammelt sind."

Die philosophische Grundlage zu meinen Betrachtungen verdanke ich dem deutschen Philosophen Georg Wilhelm Friedrich Hegel. Er erläutert in seinen Vorlesungen über die Philosophie der Religion aus dem Jahr 1831 das Mysterium der Dreieinigkeit Gottes und sagt ganz lapidar: „Gott ist der ewige Prozess." Hegel geht bei seiner Trinitätsspekulation von der konkreten Erfahrung der Person aus: „Es ist der Charakter der Person, des Subjekts vielmehr, seine Isolierung, Abgesondertheit aufzuheben... In der Freundschaft, Liebe gebe ich meine abstrakte Persönlichkeit auf und gewinne sie dadurch als konkrete. Das Wahre der Persönlichkeit ist also eben dies, sie durch dies Versenken, Versenktsein in das andere zu gewinnen." Diese Erfahrung führt Hegel nun auf das Wesen Gottes zurück, der in analoger Weise zu sich kommt, indem er sich entäußert: „Gott schaut in dem Unterschiedenen sich an, ist in seinem anderen nur mit sich selbst verbunden, ist darin nur bei sich selbst, nur mit sich zusammengeschlossen, er schaut sich in seinem anderen an... Gott in seiner ewigen Allgemeinheit ist dies, sich zu unterscheiden, zu bestimmen, ein anderes seiner zu setzen und den Unterschied ebenso aufzuheben, darin bei sich zu sein, und nur durch dies Hervorgebrachtsein ist der Geist."

Schließlich versteht Hegel das Wesen Gottes als Tätigkeit des reinen Wissens: „Gott ist der Geist, die Tätigkeit des reinen Wissens, die bei sich selbst seiende Tätigkeit. Um aber als Tätigkeit gesetzt zu sein, muss sie in ihren Momenten gesetzt sein: Zum Wissen gehört ein anderes, das gewusst wird, und indem das Wissen es weiß, so ist es ihm angeeignet. Hierin liegt, dass Gott, das ewig an und für sich Seiende, sich ewig erzeugt als seinen Sohn, sich von sich unterscheidet – das absolute Urteil. Was er aber so von sich unterscheidet, hat nicht die Gestalt eines Andersseins, sondern das Unterschiedene ist unmittelbar nur das, von dem es geschieden worden. Gott ist Geist; keine Dunkelheit, keine Färbung oder Mischung tritt in dies reine Licht... Diese ewige Idee ist denn in der christlichen Religion ausgesprochen als das, was die heilige Dreieinigkeit heißt; das ist Gott selbst, der ewig dreieinige."

Mich fasziniert dabei der Gedanke, dass Gott, der allmächtige Vater, der Schöpfer des Himmels und der Erde, in seiner Schöpfung sich selbst begreift, so zu sich kommt und sich seiner selbst bewusst wird. Gott als Tätigkeit des reinen Wissens und Inbegriff der Selbsterkenntnis ist das, was wir nun auch im biblischen Sinn als Licht begreifen. Denn Gottes Weisheit „ist der Widerschein des ewigen Lichts, der ungetrübte Spiegel von Gottes Kraft, das Bild seiner Vollkommenheit." *(Weish 7, 26)* Gott durchdringt durch das Licht seines Geistes und seiner Weisheit alles Geschaffene und erhält es so am Leben. „Sie alle warten auf dich, dass du ihnen Speise gibst zur rechten Zeit. Gibst du ihnen, dann sammeln sie ein; öffnest du deine Hand, werden sie satt an Gutem. Verbirgst du dein Gesicht, sind sie verstört; nimmst du ihnen den Atem, so schwinden sie hin und kehren zurück zum Staub der Erde. Sendest du deinen Geist aus, so werden sie alle erschaffen und du erneuerst das Antlitz der Erde." *(Ps 104, 27-30)*

Wenn wir sagen, dass Gott in seiner Schöpfung auf geistige Weise zu sich kommt und durch seine Gegenwart alles beständig am Leben erhält, so mag der Einwand kommen: Ist dieses Gottesverständnis nicht allzu menschlich, also zu anthropomorph gedacht? Jede Rede von Gott *(griech. theologia)* wird immer nur gleichnishaft, allegorisch, analog, symbolisch und damit letztlich unzulänglich bleiben. Den Einspruch des Anthropomorphismus im Bezug auf die Rede von Gott hat bereits der antike Dichter Xenophanes in einem seiner Gedichte zum Ausdruck gebracht: „Stumpfe Nasen und schwarz – so sind Äthiopias Götter. Blauäugig aber und blond – so sehen ihre Götter die Thraker. Aber die Rinder und Rosse und Löwen, hätten sie Hände, Hände wie Menschen zum Zeichnen, zum Malen, ein Bildwerk zu formen, dann würden die Rosse die Götter gleich Rossen, die Rinder gleich Rindern malen, und deren Gestalten, die Formen der göttlichen Körper, nach ihrem eigenen Bilde erschaffen – ein jedes nach seinem." Nehmen wir jedoch jene Aussage ernst, wonach Gott den Menschen nach seinem Bild und Gleichnis erschaffen hat *(vgl. Gen 1, 27)*, so können wir mit gutem Recht den Spieß umdrehen. Gegen Ludwig Feuerbachs Projektionstheorie, wonach der Mensch sich nach Belieben seinen eigenen Gott erschafft, steht die Erkenntnis, dass umgekehrt Gott das eigentliche Original, das Urbild der geistigen Schöpfung ist und dass wir Menschen Spiegel und Gleichnis dieser Schöpfung sind. Das menschliche Selbstbewusstsein wird so zum Abbild des göttlichen Selbstbewusstseins. Wie also der Mensch in seiner kleinen Welt sich dadurch selbst begreift, dass er kreativ tätig ist, wirkt und schafft, so bringt der Schöpfergott durch seinen Heiligen Geist von Ewigkeit her alles zu sich.

Die damit beschriebene Geisteshaltung hat noch einen weiteren Widerspruch zu gewärtigen. Ist Gott, solange er sich selbst nicht vollständig durchdacht hat, noch unvollkommen, mit weniger oder geringerem Selbstbewusstsein? In der Tat mag die Vorstellung, dass Gott so lange unvollkommen sein könnte, bis er sich in seiner Schöpfung vollständig ausgesagt, durchdacht und selbst verwirklicht hat, zunächst fragwürdig erscheinen. Jedoch mache ich jener theologischen Prinzipienlehre, wonach Gott in sich vollkommen, unveränderlich, unermesslich, unabänderlich, unbeweglich, unantastbar, unsichtbar und unbegreiflich zu sein hat, in umgekehrter Weise den Vorwurf, Gott mit solchen Extremforderungen denkerisch vollständig entleert und leblos gemacht zu haben. Genauso gut könnte man einem Maler auf seiner Farbpalette eine Farbe nach der anderen verbieten und zuletzt begeistert applaudieren, wenn er statt eines kunstvollen Gemäldes die unbehandelte, makellose, weiße Leinwand vorzeigt. Kein Wunder, wenn der in einer protestantischen Pfarrfamilie groß gewordene Philosoph

Friedrich Nietzsche konstatierte: „Gott ist tot." Nun aber gilt: „Nur den Herrn, meinen Gott, bete ich an; denn er ist wirklich ein lebendiger Gott." *(Dan 14, 25)*

Elementar für jede Gottesmystik sind die Spuren von Altruismus und Empathie, also von Selbstlosigkeit und Einfühlungsvermögen, die am Wesen Gottes wahrnehmbar sind. Das hat der Psalmist unüberbietbar in Worte gefasst: „Herr, du hast mich erforscht und kennst mich. Ob ich sitze oder stehe, du kennst es. Du durchschaust meine Gedanken von fern. Ob ich gehe oder ruhe, du hast es gemessen. Du bist vertraut mit all meinen Wegen. Ja, noch nicht ist das Wort auf meiner Zunge, siehe, Herr, da hast du es schon völlig erkannt. Von hinten und von vorn hast du mich umschlossen, hast auf mich deine Hand gelegt." *(Ps 139, 1-5)* Wer ein Gespür für das Leben in allen seinen Facetten, für das Werden, Sein und Vergehen des Lebendigen hat, kann nicht umhin, darüber zu staunen, in welch hohem Maße unsere Schöpfung von der Liebe zum Leben, von der Opferbereitschaft für das Leben und für das Mitgefühl für alles Lebendige getragen ist.

Es kann nicht oft genug betont werden, wie wichtig der *Realitätssinn* für jede Weltanschauung und erst recht für die Suche nach Gott ist. Jenseits aller Versuche, durch Verdrängung und psychische Abwehrmechanismen der Realität auszuweichen und der Welt in höhere Sphären hinein zu entfliehen, gilt die Konfrontation mit der Wahrheit als eine gesunde und mutige Geisteshaltung, damit das Leben gelingen kann. Wir wollen uns der Realität stellen, auch wenn es weh tut. Das beinhaltet ein hohes Maß an Frustrationstoleranz. Aber nur so kann ich an den Herausforderungen des Lebens wachsen. Verheerend wirkt sich dagegen das so genannte positive Denken aus, das alle Schattenseiten der menschlichen Existenz verdrängt. Das gleicht einem geistigen Treibhauseffekt. Nur wer sich der Härte der Realität aussetzt und sie so gut wie möglich auszuhalten versteht, kann an ihr wachsen und reifen. Das bedeutet, im Zweifelsfall mutig in den Konflikt zu gehen, den Schmerz auszuhalten und den Kelch des Leidens bis zur Neige auszutrinken. Das ist eine bittere, aber die einzig heilsame

Medizin inmitten der Verweichlichung und Degeneration einer Gesellschaft, die um sich herum unablässig eine Scheinwelt, ein paralleles Universum und eine virtuelle Realität aufrichtet. Den Gegenentwurf dazu bildet das Schicksal des Jesus von Nazaret, der gesagt hat: „Wer mein Jünger sein will, der verleugne sich selbst. Er nehme täglich sein Kreuz auf sich und folge mir nach." *(Lk 9, 23)*

„Ein Beispiel habe ich euch gegeben, damit ihr tut, wie ich euch getan habe." *(Joh 13, 15)* Diese Worte Jesu Christi bei der Fußwaschung im Abendmahlssaal sind richtungweisend für die Interpretation der Schriften des Neuen Testaments, die für jede Rede über Gott herangezogen werden. Jesus Christus gibt ein Beispiel, aber er ist selbst nicht die Hauptsache. Die Hauptsache ist Gott selbst, in dessen Gegenwart Jesus lebt und zu dessen Sprachrohr er sich macht, und zwar im klassischen Sinn des Propheten. Es gilt, jenen Spuren zu folgen, welche die Begegnung Jesu Christi mit seinem Gott im Zeugnis des Neuen Testaments hinterlassen hat. Und das ist und bleibt der Gott, der aus dem brennenden Dornbusch zu Mose sprach, der Gott, der von sich selbst sagte: „Ich bin der Ich-bin-da." *(Ex 3, 14)* Von der brennenden, erleuchtenden, beseligenden Gegenwart Gottes gilt es Zeugnis abzulegen, und das ist eine höchstpersönliche und existentielle Angelegenheit. Wem Gott nahe ist, der fühlt sich zugleich auch mit Mose wie mit Jesus Christus verbunden. Es geht darum, einen ganz bestimmten Blickwinkel, eine Geisteshaltung einzunehmen und aus ihr heraus das zu formulieren, was von Gott offenbar werden kann. Es geht nicht darum, in Jesus Christus hineinzustarren, sondern gemeinsam mit Jesus auf Gott zu blicken, um zu erforschen, ob da nicht Ähnliches, ja Gleiches in mir aufleuchtet: die Kunde vom Schöpfer des Himmels und der Erde, von jenem Gott, der Liebe ist und Licht. Damit folgen wir einem geflügelten Wort des französischen Schriftstellers Antoine de Saint-Exupéry: „Liebe besteht nicht darin, in den anderen hineinzustarren, sondern darin, gemeinsam nach vorn zu blicken." Von daher wird auch verständlich, dass die Basis des Dialogs mit allen religiösen Strömungen sich genau bei der Frage nach Gott, der Erfahrung der Gegenwart Gottes und der Schau Gottes von

Angesicht zu Angesicht trifft. Karl Jaspers schrieb ein Buch mit dem Titel: „Die maßgebenden Menschen – Sokrates, Konfuzius, Buddha, Jesus." Alle Geistesgrößen strebten nach dieser transzendenten Wirklichkeit, der die Tradition nur deswegen den Namen Gott gegeben hat, weil über alle Differenzen hinweg die Überzeugung da war, dass die Quelle allen Seins ein Du ist, eine kommunikationsfähige Intelligenz.

Ein großes Anliegen ist mir in der Selbstbetrachtung und Selbstwahrnehmung *(engl. introspection)* auf dem Weg zu Gott die Bewahrung der persönlichen Identität. „Erkenne dich selbst", sagt das Orakel von Delphi. Nur wenn ich ganz bei mir selber bin, auf mich selbst konzentriert und in mir ruhend, erfülle ich den Sinn meiner geistigen Existenz. Die ewige Zerstreutheit, Oberflächlichkeit, Gedankenlosigkeit und Selbstentfremdung sind in sich sinnlos. Meine Identität kristallisiert sich auch und vor allem dadurch heraus, dass ich zwischen Ich und Du, zwischen Geist und Materie, zwischen Innenleben und Außenwelt, zwischen Subjekt und Objekt, zwischen Gott und Mensch klar zu unterscheiden weiß. So kristallisieren sich zwei Gegensätze heraus, die sich gegenseitig beeinflussen: Identität und Realität. Indem ich mit mir selbst identisch bin und mich abgrenze, gewinne ich den nötigen Abstand zu den Dingen, um klar sehen zu können. Indem ich jedoch die Realität schonungslos an mich heranlasse und die Dinge so sehe, wie sie sind, verpasse ich meiner Psyche sozusagen kalte kneippsche Güsse, thermische Reize, die das Seelenleben gesund und strapazierfähig erhalten. Für den religiösen Menschen bricht inmitten dieser Konfrontation mit der Realität eine neue Größe auf, die seit Menschengedenken immer wieder thematisiert worden ist, und das ist die Realität Gottes. Es ist ein Gott – ich kann ihn spüren. Diese absolute Gewissheit, dass Gott nahe ist, auf das Seelenleben wirkt und mir sogar freundlich, sympathisch und liebevoll entgegenkommt, das ist es, was man im biblisch-theologischen Sinn als Gnade bezeichnet.

Der anthropomorphe, allzu menschlich gestaltete, materialistisch gedachte Gott, den die Religionen in Bildern und heiligen

Schriften überliefert haben, verstellt und erschwert die unmittelbare Gotteserfahrung. Die direkte, mystische Wahrnehmung Gottes eröffnet dagegen eine Wirklichkeit, die von Licht, Klarheit, Heiterkeit, Güte, Sympathie, Leichtigkeit und Lebendigkeit erfüllt ist. Diese Erfahrung lässt sich mit dem Begriff *Gnade* zum Ausdruck bringen. Ein Mensch, der unverfälscht und unabhängig die Realität des Seins, des Lebens, der Natur, des Raumes und der Zeit wahrnimmt, bekommt ein völlig neues Gespür für Gott. Er überwindet damit jene Fallstricke, die man nach Jean Piaget als Animismus, Artifizialismus, Anthropomorphismus und Egozentrismus bezeichnen kann. Das ist jenes kindliche Weltbild, das von einer Allbeseeltheit der Natur, von einem Handwerker-Gott, von allzu vermenschlichten Realitätsvorstellungen und von einer übersteigerten Ichbezogenheit geprägt ist. Der Mut zur überpersönlichen Ungegenständlichkeit Gottes überwindet jene wohl evolutionär und rudimentär übriggebliebene Geisteshaltung, welche die ursprüngliche enge Elternbindung noch nicht vollständig aufgelöst hat. Für die defizitäre menschliche Psyche ist das Bedürfnis nach einem konkreten Gottesbild nichts anderes als ein Erinnerungsrest, der Gott mit der Valenz des eigenen Vaters und der eigenen Mutter der frühen Kindheit verwechselt. Mag das aus kindlicher Liebe oder auch aus vorauseilender Angst vor der elterlichen Autorität geschehen – dieser falsche Attrappengott ist ein Nachbild der frühkindlichen Existenz. Nur der erwachsene, freie, autarke, autonome, mit sich selbst identische, selbstbestimmte und tapfere Geist vermag die kindliche Abhängigkeit, Fremdbestimmung, ja Fernsteuerung durch die elterliche Autorität zu durchschauen. Wer die Natur nicht real und realistisch wahrnimmt, sondern überall einen Elterngott anwesend sieht, der irgendwo da draußen alles lenkt und leitet und im nächsten Moment hinter der Tür stehen könnte, der hat damit viel über seine eigene Elternbindung ausgesagt, aber ganz und gar nichts über Gott. Gott ist immer größer *(lat. Deus semper maior)* und anders als alle unsere lebensgeschichtlich erworbenen Vorstellungen. So ist die Rede vom Vatergott zugleich Fluch und Segen. Sie ist ein Segen, weil sie spontan Gefühle der Zuneigung und Liebe auslöst und für Kinder so praktisch und anschaulich ist. Aber sie ist auch ein Fluch, weil sie das kindliche Gemüt des Heranwachsenden nie aus den Fesseln seiner eigenen Vergangenheit zu befreien vermag.

Die Tatsache, dass sich manche Menschen immer erst mühsam an Gott erinnern und auf Gott konzentrieren müssen, bevor sie seine Gegenwart erfahren, ist ein starker Einwand gegen die Allgegenwart Gottes. *(lat. omnipraesentia)* Ein Gott, der für den Menschen immer und überall erfahrbar und spürbar gegenwärtig ist, müsste eigentlich genauso natürlich und beständig wahrnehmbar sein wie das Sonnenlicht. Diese Notwendigkeit, sich erinnern und konzentrieren zu müssen, legt den Verdacht nahe, dass es sich bei manchen Glaubensströmungen oder Frömmigkeitsformen nicht um die Allgegenwart Gottes, sondern um die Elternpräsenz der frühen Kindheit handeln könnte, die im Akt des betenden Glaubens erinnert und reaktiviert wird. Damit verbunden geht jedoch in der Persönlichkeit auch eine unsägliche Bewusstseinsspaltung einher: Spaltung zwischen realer Gegenwart und illusionärer Vergangenheit, Spaltung zwischen materieller Realität und geistig-virtueller Welt, Spaltung zwischen Selbstbestimmung und Fernsteuerung, Spaltung zwischen Ich und Über-Ich. So überlebt jener sich selbst entfremdete, angstbesetzte, immer nur im Eltern-Ego vorausdenkende, vermutende und vorausahnende Bewusstseinszustand der Kinderpsyche, nur ja nichts falsch machen zu wollen und aus Angst vor Strafe ständig in der vermuteten Erwartungshaltung der Eltern leben zu müssen. Sigmund Freud hatte Recht, als er in seinem Werk „Massenpsychologie und Ich-Analyse" hinter dem Gottesbegriff der Religionen den „Vater der Urhorde" als einen bei allen Menschen vererbten Vaterkomplex vermutete. Nur bezieht sich dieser Vaterkomplex der Menschheit meines Erachtens nicht auf einen gemeinsamen Urvater aller Menschen oder eines ganzen Stammes, sondern es ist für jeden einzelnen Menschen der eigene Vater, die eigene Mutter und die emotionale Bindung an die beiden. Weiter gefasst könnte man sagen: Sind die Eltern da und brennt in der Nacht hinter der halb geöffneten Kinderzimmertür draußen noch Licht, dann ist alles gut. Die vermutete Allgegenwart Gottes erscheint vor diesem Hintergrund als das mühsame Erinnern und Vergegenwärtigen der Elternpräsenz in der eigenen Kindheit. Und die kann oftmals angstbesetzt sein, denn die kindliche Psyche hat furchtbare Angst: Angst vor dem endgültigen Verlust der Eltern, Trennungsangst, Angst vor Strafe, Angst vor Beschämung und Kränkung, Angst vor Liebesentzug. Damit einher geht das fanatische Bestreben, es den Eltern unter allen Umständen recht machen zu wollen – genauso, wie es der erwachsene Gläubige auf dem Feld der Religion seinem „lieben Gott" unter allen Umständen recht machen will. Genau deshalb fragte einst Martin Luther so panikartig, besessen und verzweifelt: „Wie kriege ich einen gnädigen Gott?" Was muss das für ein überstrenger Vater gewesen sein, der in Martin Luther einen derartigen Gotteswahn und Rechtfertigungsdruck ausgelöst hat. Im Anschluss daran wird auch verständlich, dass bei vielen Menschen das Thema „Gott" mit diffusen Ängsten verbunden ist und so mancher Zeitgenosse den Abschied von Gott als Akt der Befreiung empfindet.

Es gilt, ein neues Kapitel in der Rede von Gott aufzuschlagen und von dem zu reden, was mich an Gott begeistert. Denn „wovon das Herz voll ist, davon spricht der Mund." *(Lk 6, 45)* Eine neue Leidenschaft für Gott und seine beständige Gegenwart in dieser unserer Schöpfung ist gefragt. So wird Theologie einem beständigen Wachstumsprozess unterworfen, der dazu dienen möge, den alten Asphalt verkrusteter Traditionen zu durchbrechen, um für den Pulsschlag des Lebendigen empfänglich zu werden. Im akademischen Raum hat sich diese Geisteshaltung übrigens als so genannte *Prozesstheologie* Gehör verschafft. So zeigt sich Gott, reine Gegenwart im Fluss der Zeit, reines Dasein in der Unendlichkeit des Raumes. Indem ich mir dessen bewusst werde, gewinnen alle Suche nach Gott, aller Glaube, alle Theologie und alles religiöse Schrifttum ihren Sinn. Wir leben in der beständigen Gegenwart Gottes, der alles umgibt, aber wir sind uns dessen erst allmählich bewusst. Ich muss sehen lernen – mit den Augen meiner Seele. Diese Seele darf wachsen und reifen, um Gottes Gegenwart in sich zu verspüren.

1. Gott ist gegenwärtig

Der deutsche Mystiker Gerhard Tersteegen hat mit seinem Choral „Gott ist gegenwärtig“ eine mystische Urerfahrung zur Sprache gebracht, die sich darin äußert, Gott als eine ebenso geheimnisvoll wie intensiv anwesende Persönlichkeit zu erleben. Gott ist da, aber unendlich viel größer und weiter als eine menschliche Person. Gott ist ein Du, aber nicht so, dass man in ein bekanntes Gesicht blicken könnte. Über mir, zugleich um mich herum, mein ganzes Bewusstsein erfüllend, wärmt ein Licht. Gott ist, wie Augustinus in seinen Bekenntnissen sagte, „mir innerer als mein Innerstes und höher als mein Höchstes.“ *(Confessiones, III, 6, 11)* Dementsprechend heißt es in der ersten Strophe von Tersteegens Choral: „Gott ist gegenwärtig. Lasset uns anbeten und in Ehrfurcht vor ihn treten. Gott ist in der Mitte. Alles in uns schweige und sich innigst vor ihm beuge. Wer ihn kennt, wer ihn nennt, schlag die Augen nieder; kommt, ergebt euch wieder.“

Auf wunderbare Weise gelingt es Tersteegen auch, die erlösende und heilende Kraft der Gegenwart Gottes zu beschreiben. Im Licht von Gottes Gegenwart komme ich zur Ruhe und bin ganz bei mir selbst. An dieser Stelle erweist sich die eigentliche Stärke der bildhaften Rede vom göttlichen Licht. Wie alles auf unserer Welt vom Licht lebt und sich des Lichtes erfreut, wie also die Sonne Licht, Wärme und Leben spendet, so erhält Gottes Gegenwart seine gesamte Schöpfung beständig am Leben. Dessen wird sich der Gläubige bewusst, wenn er Gott in sich wirken lässt. Tersteegen schreibt in der sechsten Strophe: „Du durchdringest alles; lass dein schönstes Lichte, Herr, berühren mein Gesichte. Wie die zarten Blumen willig sich entfalten und der Sonne stille halten, lass mich so still und froh deine Strahlen fassen und dich wirken lassen.“

Die Wesensverwandtschaft mit Gott kommt schließlich in der letzten Strophe zum Tragen. Tersteegen ist sich mit dem Apostel Paulus einig: Der Mensch ist ein Tempel des Heiligen Geistes. Wir sind von Gottes Art. „Nicht mehr ich lebe, sondern Christus lebt in mir.“ *(Gal 2, 20)* Gott ist ein „nahes Wesen“, das sich „in mir verkläre.“ Also kommt Gott nicht nur in seiner Schöpfung, sondern damit auch in jedem einzelnen Menschen zu sich. Indem Gott erschafft, ist er ganz er selbst. Der Mensch, genauer gesagt seine Seele als Abbild und Repräsentanz des göttlichen Wesens, ist ein Bestandteil des göttlichen Organismus. Diese atemberaubende Einsicht ist nicht nur ein Hinweis auf die Unsterblichkeit, weil ja in Gott letztlich alles lebt und unvergänglich ist, sondern auch das Ergebnis der vielfach variierenden Gemeinschaftsgleichnisse, die die Heilige Schrift uns bietet. Wie der Apostel Paulus sagt, bin ich ein Glied am Leibe Christi. Mit den Worten des Petrus bin ich ein lebendiger Stein, der das Haus Gottes aufbaut. Wie Christus sagt, bin ich ein Rebzweig an seinem Weinstock: „Herr, komm in mir wohnen, lass mein' Geist auf Erden dir ein Heiligtum noch werden; komm, du nahes Wesen, dich in mir verkläre, dass ich dich stets lieb und ehre. Wo ich geh, sitz und steh, lass mich dich erblicken und vor dir mich bücken.“

2. Gott existiert. Ich bin ihm begegnet

Der französische Journalist André Frossard schreibt in seinem Buch „Gott existiert. Ich bin ihm begegnet“ über seine Begegnung mit Gott in einer Kapelle am Straßenrand von Paris: „Es ist die Wirklichkeit, es ist die Wahrheit, ich sehe sie vom dunklen Strand aus, wo ich noch festgehalten bin. Es ist eine Ordnung im Universum, und an ihrer Spitze, jenseits dieses funkelnden Nebelschleiers, ist die Evidenz Gottes, die Evidenz, die Gegenwart ist, die Evidenz, die Person ist, die Person dessen, den ich vor einer Sekunde noch geleugnet habe, den die Christen ‚unseren Vater‘ nennen und dessen milde Güte ich an mir erfahre, eine Milde, die keiner anderen gleicht... Ihr überwältigender Einbruch ist begleitet von einer Freude, die nichts anderes ist als der Jubel des vom Tod Erretteten, des gerade noch zur rechten Zeit aufgefischten Schiffbrüchigen... Gott war Wirklichkeit, ja er war sogar hier, offenbart und verhüllt zugleich durch dieses von ihm gesandte Licht, das ohne Worte und ohne Bilder alles verstehen ließ, ja nicht nur verstehen, sondern lieben." Diese Worte klingen wie eine Variation zu jenem Thema, welches das Buch der Psalmen vorgibt: „Denn bei dir ist die Quelle des Lebens, in deinem Licht schauen wir das Licht." *(Psalm 36, 10)* „Gott allein genügt", wie die spanische Mystikerin Teresa von Ávila sagte. Ich tauche ein in Gottes Licht und in seine Gegenwart. Das ist Evidenz, die Wahrnehmung der aus sich selbst heraus klaren und verständlichen Realität Gottes.

3. Im Licht von Gottes Gegenwart

Im Buch des Propheten Jesaja steht zu lesen: „Auf, werde Licht, denn es kommt dein Licht und die Herrlichkeit des Herrn geht leuchtend auf über dir. Denn siehe, Finsternis bedeckt die Erde und Dunkel die Völker, doch über dir geht leuchtend der Herr auf, seine Herrlichkeit erscheint über dir. Völker wandern zu deinem Licht und Könige zu deinem strahlenden Glanz." *(Jes 60, 1-3)* Nun gilt es, diese prophetische Vision mit dem in Beziehung zu setzen, was ich persönlich von Gott wahrnehme. Für mich ist Gott Licht in dem Sinn, dass er mir hell und klar gegenwärtig ist, mit persönlicher Ausstrahlung und freundlichem Wesen. Bekanntlich sagt Jesus Christus: „Ich nenne euch nicht mehr Knechte; denn der Knecht weiß nicht, was sein Herr tut. Vielmehr habe ich euch Freunde genannt; denn ich habe euch alles mitgeteilt, was ich von meinem Vater gehört habe." *(Joh 15, 15)* Was Christus offenbart, ist erfahrbare Wirklichkeit, die von der Familie der Freunde Gottes über unzählige Generationen bestätigt worden ist. Sie haben Gott als „Freund des Lebens" *(Weish 11, 26)* kennengelernt. Christus nachzufolgen bedeutet demnach, mit den Augen Jesu den Vater zu sehen, um das zu erfahren, wovon der Apostel Paulus überzeugt war: „In ihm leben wir, bewegen wir uns und sind wir." *(Apg 17, 28)*

4. Gott – ein orientalischer Patriarch?

Die antiquierte und oftmals verzerrte Vorstellung von Gott als orientalischem Patriarchen, der bedingungslosen Gehorsam einfordert, der willkürlich zürnt, ohne ersichtlichen Grund bestraft, gewalttätig herrscht und ohne Rücksicht auf Verluste seine selbstsüchtigen Interessen durchsetzt, passt nicht zur atemberaubenden Weite des Universums. Teile der Schöpfung mögen zwar bisweilen grausam und gefühllos erscheinen, aufs Ganze gesehen ist jedoch ein eindeutiges Streben und eine Entwicklung vom Chaos zum Kosmos und zur bewundernswerten Sinnfülle und Ordnung der Natur zu erkennen. Schon eher weist den Weg der Aufgang eines intensiven, überwältigenden Lichts, einer völlig neuartigen, transzendenten Energie, die alles Sein unendlich übersteigt, die aber – und das ist entscheidend – dieses Sein nicht vernichtet. Die Liebe zur kleingliedrigen, feingliedrigen, schwachen und sterblichen Endlichkeit der Natur, die Liebe zum evolutionär sich vollziehenden Leben, zum Werden, Sein und Vergehen ist ein im Innersten erschütternder, sprachlos machender, zu Tränen rührender Wesenszug Gottes. Ich empfinde dieses Glaubensverständnis wie eine Wolke am Himmel, hinter der ich Licht sehe und eine vertraute Stimme vernehme. Das ist das Geheimnis von Gottes Nähe und Gegenwart. Er ist da, aber nicht sichtbar. Das Licht seiner Gegenwart spiegelt sich in der Schöpfung wie das Sonnenlicht auf der Oberfläche des Mondes. Unsere Aufgabe ist es, seinen Lichtspuren nachzugehen und sie in unserer Seele wachzurufen. Wo Gott Licht ist, da erwacht die Seele zu dem nur ihr eigenen, spezifischen Wahrnehmungsvermögen. Den Grund dafür hat Johann Wolfgang von Goethe sehr schön zum Ausdruck gebracht: „Wär' nicht das Auge sonnenhaft, die Sonne könnt es nie erblicken. Läg' nicht in uns des Gottes eigene Kraft, wie könnt uns Göttliches entzücken?" Die Welt von heute braucht Gläubige, die vom Licht Gottes Zeugnis ablegen, die mithin an das Gute und Wahre glauben und das bisweilen doch recht trostlose Dasein etwas heller machen.

5. Lebensfreundliche Energie

Das besondere Licht Gottes ist, obwohl es als ein der Welt gegenüber objektiv Gegebenes aufzufassen ist, dennoch in allen geschaffenen Dingen wahrnehmbar. Das, was alles Werden, Sein und Vergehen antreibt und beinhaltet, lässt sich mit der unmittelbaren Wirkung dieses Lichtes identifizieren. Insbesondere die Entstehung des Menschen im Mutterleib, seine Geburt und Menschwerdung, sein Altern und Sterben erscheinen wie eine Offenbarung dieser durch und durch guten, positiven und lebensfreundlichen Energie, Wille zum Leben, Freude am Leben. Dazu passt ein Wort des österreichischen Schriftstellers Peter Altenberg: „Gott denkt in den Genies, träumt in den Dichtern und schläft in den übrigen Menschen." Dazu passt auch die Erfahrung, dass ich mich erst dann ganz und vollkommen fühle, wenn ich mit der Ganzheit Gottes in Verbindung bin, was zugleich bedeutet, dass ich dadurch mit der Menschheit als Ganzer wie auch mit der Schöpfung als Ganzer in Verbindung stehe. Das ist der Leib mit seinen vielen Gliedern, das Haus aus lebendigen Steinen, der Hirte und seine Herde, der Weinstock mit seinen Rebzweigen.

6. Die Unsterblichkeit der Seele

Dass der Mensch eine Seele hat, legt allein schon die durchgängige Identität des Individuums nahe. Die unverwechselbare Persönlichkeit hält sich durch, unabhängig von den körperlichen oder geistigen Wandlungen, denen ein Menschenleben unterworfen ist. Aber bei den unzähligen Eigenschaften, die der Seele im Laufe der Geistesgeschichte bereits zugeschrieben worden sind, ist es unabdingbar, ihr ureigenstes Wahrnehmungsvermögen klar herauszuarbeiten, und das ist und bleibt die Schau Gottes. Wie sich das Auge zum Licht verhält, so verhält sich die Seele zu Gott. Die Seele ist ein eigenständiges Organ, dessen Verbundenheit mit

Gott eine höhere Dimension der Existenz eröffnet. Aus dieser innigen Verbindung mit Gott lässt sich auch die Vermutung ableiten, dass die Seele, obwohl auf der Grundlage eines sterblichen Organismus entstanden, unsterblich sein könnte. So sieht es zumindest der Apostel Paulus: „Seht, ich enthülle euch ein Geheimnis: Wir werden nicht alle entschlafen, aber wir werden alle verwandelt werden – plötzlich, in einem Augenblick, beim letzten Posaunenschall. Die Posaune wird erschallen, die Toten werden zur Unvergänglichkeit auferweckt, wir aber werden verwandelt werden. Denn dieses Vergängliche muss sich mit Unvergänglichkeit bekleiden und dieses Sterbliche mit Unsterblichkeit. Wenn sich aber dieses Vergängliche mit Unvergänglichkeit bekleidet und dieses Sterbliche mit Unsterblichkeit, dann erfüllt sich das Wort der Schrift: Verschlungen ist der Tod vom Sieg. Tod, wo ist dein Sieg? Tod, wo ist dein Stachel?“ *(1 Kor 15, 51-55)* Mit dieser Auffassung kommt man meines Erachtens dem Wesen der Seele am nächsten. Es ist dies ein Wachstumsprozess, eine Metamorphose, vergleichbar mit einem Weizenkorn, das in die Erde fällt, stirbt und dadurch reiche Frucht bringt. *(vgl. Joh 12, 24)* Vom Wachstum der Seele in die Unsterblichkeit Gottes hinein kann es demnach schriftgemäß heißen: „So ist es auch mit der Auferstehung der Toten. Was gesät wird, ist verweslich, was auferweckt wird, unverweslich. Was gesät wird, ist armselig, was auferweckt wird, herrlich. Was gesät wird, ist schwach, was auferweckt wird, ist stark. Gesät wird ein irdischer Leib, auferweckt ein überirdischer Leib. Wenn es einen irdischen Leib gibt, gibt es auch einen überirdischen. So steht es auch in der Schrift: Adam, der Erste Mensch, wurde ein irdisches Lebewesen. Der Letzte Adam wurde lebendig machender Geist.“ *(1 Kor 15, 42-45)* Dabei ist es wichtig, zu beachten, dass der Apostel Paulus diese Erkenntnis nicht frei fantasierend dargeboten hat, sondern dass sie eine logische Schlussfolgerung und geistige Durchdringung dessen ist, was er in seiner Lichterscheinung vor Damaskus *(vgl. Apg 9)* gesehen hat.

Die Seele, das bin ich – ganz und gar, mit meiner Lebensgeschichte, meiner Individualität, meiner Lebenserfahrung, meiner Unverwechselbarkeit, meiner empfindlichsten Stelle, als ganz und gar verklärter Bewusstseinszustand. Indem ich die Seele verteidige, bin ich ganz bei mir selbst und rufe meine Mitmenschen dazu auf, ganz bei sich selbst zu sein. Zugleich bin ich wie der Mond, der erkennt, dass er nur leuchtet, weil die Sonne ihn anstrahlt. Segen für die Welt von heute zu sein bedeutet, das milde Mondlicht auszustrahlen, in dem ein gesegnetes, friedvolles, liebevolles Leben möglich wird. Gott ist die Sonne meines Lebens.

7. Gott leidet in den Seelen

Durch die selbstlose Hingabe der Seele aus sich selbst heraus in Gott hinein wird erkennbar, dass sich Gott in seiner Schöpfung seiner selbst bewusst wird und dass das menschliche Bewusstsein sich als Teil der Aktualisierung Gottes erlebt. Nur so ist stimmig darstellbar, dass das Ich im Bewusstsein seiner selbst damit in gleicher Weise auch zu Gott kommt, ihm ähnlich wird, sich mit ihm vereinigt. Der schwäbische Lyriker Eduard Mörike schreibt: „Das ist die große Stille, die über Stürmen siegt, dass eines Menschen Wille in Gottes Willen liegt." Wie wohl ist einem ums Herz, wenn die Seele, die empfindlichste Stelle des Menschen, unmittelbar zu Gott ist. Wie empfindlich muss da erst Gott sein.

Die Seele des Menschen begründet nun auch seine Würde und seine Menschenrechte. Es muss, wie im deutschen Grundgesetz, nicht nur heißen: „Die Würde des Menschen ist unantastbar", sondern vor allem: „Die Seele des Menschen ist unantastbar. Sie zu achten und zu schützen ist Aufgabe aller staatlichen Gewalt." Das ist eine tragfähige Zukunftsvision. Mehr und mehr kristallisiert sich das Bild eines Gottes heraus, der in all seinen Gliedern unendlich viel leidet, fast wie ein Krebspatient, der aber zugleich alles an sich zieht, es ein- und ausatmet. Gott ist wie ein gigantischer Sklave, eingekerkert und gefangen in den Ketten der Evolution, aber bis ins kleinste Detail erfüllt vom Willen zum Sein, vom Willen zum Leben.

8. Empathie und Gotteserkenntnis

Indem ich mich in die Perspektive Gottes einfühle, was ja einen Totalakt von höchstmöglichem Altruismus darstellt, nehme ich die Schöpfung als mir zugehörig, durchdacht und beseelt wahr. Das ist kein Rückschritt, sondern ein Fortschritt an bewusster Empathie, an Einfühlungsvermögen und Erkenntnis. Indem ich dann wiederum zu mir selbst zurückkehre, entdecke ich mich als denkenden, bewussten Teil dieser Schöpfung, der sich danach sehnt, zu seinem Schöpfer zurückzukehren. Bestärkt werde ich in dieser Haltung durch die Offenbarung Jesu Christi, der sich als Sohn des himmlischen Vaters verstanden hat, als gleichwesentlich und eins mit Gott. Weil jedoch Jesus Christus, der Gottessohn, nach dem Zeugnis des Neuen Testamentes zugleich der Menschensohn ist, kann er exemplarisch für die Menschheit als Ganze eine völlig neue Nähe zu Gott realisieren, die allen, die ihm nachfolgen, offen steht. Fast rhetorisch fragt dazu der Prophet Maleachi: „Haben wir nicht alle denselben Vater? Hat nicht der eine Gott uns alle erschaffen?" *(Mal 2, 10)* Christus ist das Modell und die Matrix der Dialektik Gottes, der lebendig anschaubare dialektische Prozess, durch den Gott zu sich selbst kommt und bei sich ist. Und dieser dialektische Prozess ist Licht, ist Gegenwart, ist Anwesenheit, ist Persönlichkeit, ist aufbauende, konstruktive und kreative Energie. „Wenn also jemand in Christus ist, dann ist er eine neue Schöpfung." *(2 Kor 5, 17)*

9. Tempel des Heiligen Geistes

Auf den Begriff gebracht wird die Wesensverwandtschaft mit Gott durch die Rede vom Heiligen Geist. Er ist sozusagen das vielfach verzweigte Nervensystem und der Blutkreislauf des göttlichen Organismus, dessen Netz das All umspannt. Er ist die tätige Energie, die alles am Leben erhält. In Christus als dem Haupt und der Krone der ganzen Schöpfung kommt Gott exemplarisch zu sich selbst, und dieser kreative Akt oder Schöpfungsakt setzt sich fort in jedem Menschen, der vom Heiligen Geist erfüllt ist, in jedem „Tempel Gottes", in jedem „Tempel des Heiligen Geistes." *(vgl. 1 Kor 3, 16-17)* So ist das gesamte göttliche Bewusstsein milliardenfach vernetzt, es baut sich ständig auf, ist auf ewig gültig inmitten aller Vergänglichkeit. Der deutsche Religionsphilosoph Romano Guardini sagte einmal: „Die Kirche erwacht in den Seelen." Analog dazu muss es heißen: Gott erwacht in den Seelen, und er drängt darauf hin, alles an sich zu ziehen und alles in sich zu vereinen, wie ein ein- und ausatmender Organismus. Der Hamburger Bischof Karl Witte sagte: „Was kann uns fehlen? Solange wir leben, ist Gott in uns, und wenn wir sterben, sind wir in ihm." Jesus Christus sagt: „Dann werdet ihr erkennen und einsehen, dass in mir der Vater ist und ich im Vater bin." *(Joh 10, 38)* „An jenem Tag werdet ihr erkennen: Ich bin in meinem Vater, ihr seid in mir und ich bin in euch." *(Joh 14, 20)* In dieser neuen Welt, die Jesus Christus das nahe herangekommene Reich Gottes genannt hat *(vgl. Lk 17, 21)*, gibt es weder Rangordnungen noch Konkurrenzstreben. Alle bilden eine große Menschheitsfamilie mit Gott als Vater und uns allen als Schwestern und Brüder in Christus. Für das Dilemma, die Allmacht Gottes mit der Autonomie des Menschen so zusammen zu denken, dass Gott und der Mensch sich gegenseitig vervollständigen und zu höherer Vollendung führen, gibt es daher nur eine Lösung, und die findet sich im Gleichnis des Weinstocks. *(vgl. Joh 15, 5)* Der Weinstock entfaltet sich in allen seinen Rebzweigen und wird so ganz er selbst. Gott erkennt sich selbst, baut sich selbst auf und findet sich selbst in den Seelen. Nur so lässt sich erklären, wie das Bewusstsein Gottes und das Selbstbewusstsein des Menschen ohne Widerspruch zusammengehören können. Wenn der Mensch, genauer gesagt, seine Seele, ein Teil Gottes ist, so muss Gott ganz entschieden daran liegen, sich im kleinsten Element seines Organismus bestmöglich zu entfalten, wie der menschliche Organismus sich ja auch bis ins kleinste Detail hinein entfalten und konkretisieren muss.

10. In der Perspektive Gottes

Eine der größten Errungenschaften der Geistesgeschichte, der Persönlichkeitsentwicklung und des philosophisch-theologischen Denkens besteht für mich im so genannten Perspektivenwechsel, also in der Fähigkeit, die Welt im Blickwinkel eines anderen zu sehen. Das kann man Altruismus nennen, also die Fähigkeit, nicht nur an sich selbst, sondern auch an andere zu denken, genauer gesagt: wie sie zu denken. Das hat mit Einfühlungsvermögen, also mit Empathie zu tun, von mir aus auch mit Mentalisierung, also der Fähigkeit, sozusagen die Gedanken eines anderen zu lesen. Altruismus ist die materielle, konkret-praktische Seite, Empathie ist die geistig-emotionale Seite. Licht ins Dunkel der menschlichen Existenz bringt einzig und allein die Ich-Du-Dialektik nach dem jüdischen Religionsphilosophen Martin Buber: „Der Mensch wird am Du zum Ich." Nur indem ich denke, fühle und handle wie mein Mitmensch, verstehe ich ihn und mich. Ich muss, um ein indianisches Sprichwort zu zitieren, erst „einen Mond lang in seinen Mokassins gelaufen" sein, um ihn zu begreifen. Um wieviel mehr gilt das von Gott und für Gott! Ich begreife mich selbst in den Seelen meiner Mitmenschen, in der Beseeltheit der Natur, in der Beseeltheit des Universums. Das Höchste, was ich folgerichtig von Gott aussagen kann, ist nicht, dass ihm Sein, Existenz und Allmacht im weltlichen Sinn zukommen, sondern dies, dass Gott sich in den Seelen der Menschen, in der Beseeltheit der Natur und in der Beseeltheit des Universums selbst begreift. Selbsterkenntnis ist die grandiose Existenz Gottes! Gott wird sich selbst Licht, er wird sich selbst klar, er begreift sich selbst, er baut sich selbst auf, er verklärt sich in sich selbst, und ich bin mit den Worten des spätmittelalterlichen Theologen und Mystikers Meister Eckhart ein „Seelenfunke" dieses Verklärungsprozesses. Ich bin Teil des göttlichen Organismus. Und ich versuche, mit den Augen Gottes die Welt zu sehen.

Aber sofort mag der Einwand kommen: Wie kann das möglich sein, dass ein sterblicher Mensch die Perspektive des allmächtigen und unsterblichen Gottes einnimmt? Es ist möglich, und zwar durch die Teilhabe, die der Heilige Geist gewährt: „Weil ihr aber Söhne seid, sandte Gott den Geist seines Sohnes in unsere Herzen, den Geist, der ruft: Abba, Vater." *(Gal 4, 6)* Also braucht jede echte Gotteserkenntnis den Mut zum Wagnis, zum Sprung in die Weite des göttlichen Bewusstseins hinein. Aber das ist möglich, weil wir eben alle Söhne und Töchter Gottes sind und Gott sozusagen von Natur aus verstehen können.

Wer hat das Recht, Gott in die Sphäre des aseptischen Außerirdischen zu verbannen, ohne Veränderung, ohne Kontingenz, wo doch selbst das unendlich sich ausbreitende Universum die Wucht der Kontingenz in die Waagschale des Denkens wirft! Gott kommt uns extrem nahe – das ist ja das Spannende, das ist das göttliche Geheimnis, das ist der „Logos" *(vgl. Joh 1, 1)*, das ist die „Sophia" *(vgl. Weish 7, 15)*, das ist das Glück und die Seligkeit der menschlichen Existenz. „Wir sind von Gottes Art." *(Apg 17, 28-29)* Das Gegenargument des Anthropomorphismus zieht schon lange nicht mehr für den, der vom Theozentrismus überwältigt worden ist. Als Beleg aus der Heiligen Schrift für die Durchschlagskraft des altruistisch-empathischen Perspektivenwechsels eignet sich ein Zitat des Apostels Paulus: „Nicht mehr ich lebe, sondern Christus lebt in mir." *(Gal 2, 20)*

11. Gott spricht sich aus

Ein im wahrsten Sinne des Wortes sprechendes Beispiel für die absolute Dialektik Gottes ist die freie Rede des Menschen. Scherzhaft sagte die deutsche Schauspielerin Grethe Weiser einmal: „Wie soll ich wissen, was ich denke, bevor ich höre, was ich sage?" Genau das ist es: Das Wort, durch das alles geschaffen worden ist *(vgl. Joh 1, 3)*, muss zuallererst Gestalt gewinnen, bevor es sich seiner selbst bewusst sein kann. Gott muss sich in seiner Schöpfung aussprechen, er muss dem Menschen seinen Lebensatem in die Nase hauchen, er muss in seinem Wort Fleisch werden, er muss in

Christus ganz zu sich selbst kommen – und dieser Lichtkreislauf nennt sich Offenbarung Gottes. Was wir brauchen, ist nicht die „anthropologische Wende" des Jesuiten und Theologen Karl Rahner, sondern eine Theologie von oben, bei der Gott selbst im Mittelpunkt des Interesses steht. Den göttlichen Fixstern gilt es zu beschreiben, und nicht die Funktion des menschlichen Auges.

Dabei darf es keine Denkverbote geben. Womöglich ist Gott anthropomorpher und kontingenter, als die Schultheologie das gestatten will. Heißt es nicht beispielsweise im Schöpfungsbericht: „Dann sprach Gott: Lasst uns Menschen machen als unser Abbild, uns ähnlich. Sie sollen herrschen über die Fische des Meeres, über die Vögel des Himmels, über das Vieh, über die ganze Erde und über alle Kriechtiere auf dem Land. Gott schuf also den Menschen als sein Abbild; als Abbild Gottes schuf er ihn. Als Mann und Frau schuf er sie." *(Gen 1, 26-27)* Genau diese existentielle Ähnlichkeit von Gott und Mensch verändert ganz erheblich jene Grenze, die zwischen Materie und Geist bisher gezogen worden ist. Gottes Geist ist unserem sterblichen Organismus offensichtlich näher, als wir gedacht hatten.

12. Die Seele als Lebensatem

Die Seele ist die Summe meiner individuellen Persönlichkeit, die sich im Körper ausdrückt und sich Körper und Geist dienstbar macht, um zu sich selbst zu kommen. Vor Gott ist die Seele, biblisch gesprochen, der Name, den ein Mensch trägt: „Ich gebe dir verborgene Schätze und Reichtümer, die im Dunkel versteckt sind. So sollst du erkennen, dass ich der Herr bin, der dich bei deinem Namen ruft, ich, Israels Gott. Um meines Knechtes Jakob willen, um Israels, meines Erwählten, willen habe ich dich bei deinem Namen gerufen; ich habe dir einen Ehrennamen gegeben, ohne dass du mich kanntest." *(Jes 45, 3-4)* „Kann denn eine Frau ihr Kindlein vergessen, eine Mutter ihren leiblichen Sohn? Und selbst wenn sie ihn vergessen würde: ich vergesse dich nicht. Sieh her: Ich habe dich eingezeichnet in meine Hände." *(Jes 49, 15-16)* Die Seele ist der in allem Seienden wirksame Lebensatem: „Da formte Gott, der Herr, den Menschen aus Erde vom Ackerboden und blies in seine Nase den Lebensatem. So wurde der Mensch zu einem lebendigen Wesen." *(Gen 2, 7)* Es ist, als wäre das gesamte Dasein ein einziger atmender Organismus, in dem Gott alles am Leben erhält: „Verbirgst du dein Gesicht, sind sie verstört; nimmst du ihnen den Atem, so schwinden sie hin und kehren zurück zum Staub der Erde. Sendest du deinen Geist aus, so werden sie alle erschaffen und du erneuerst das Antlitz der Erde. Ewig währe die Herrlichkeit des Herrn; der Herr freue sich seiner Werke." *(Psalm 104, 29-31)* Dieser göttliche Lebensatem äußert sich in dem allem innewohnenden Überlebenstrieb, dem Willen zum Leben. Der deutsch-französische Theologe und Arzt Albert Schweitzer schreibt darüber: „Was ist Ehrfurcht vor dem Leben, und wie entsteht sie in uns? Die unmittelbarste Tatsache des Bewusstseins des Menschen lautet: Ich bin Leben, das leben will, inmitten von Leben, das Leben will. Als Wille zum Leben inmitten von Willen zum Leben erfasst sich der Mensch in jedem Augenblick, in dem er über sich selbst und über die Welt um sich herum nachdenkt."

Außerdem ist die Seele der mir von Gott geschenkte Anteil an seinem göttlichen Wesen: „Ich schenke euch ein neues Herz und lege einen neuen Geist in euch. Ich nehme das Herz von Stein aus eurer Brust und gebe euch ein Herz von Fleisch. Ich lege meinen Geist in euch und bewirke, dass ihr meinen Gesetzen folgt und auf meine Gebote achtet und sie erfüllt." *(Ez 36, 26-27)* Es geht also darum, dass ich ein integraler Bestandteil der Kreativität Gottes bin, ein Kind Gottes. „Allen aber, die ihn aufnahmen, gab er Macht, Kinder Gottes zu werden, allen, die an seinen Namen glauben, die nicht aus dem Blut, nicht aus dem Willen des Fleisches, nicht aus dem Willen des Mannes, sondern aus Gott geboren sind." *(Joh 1, 12-13)* „Ihr seid neu geboren worden, nicht aus vergänglichem, sondern aus unvergänglichem Samen: aus Gottes Wort, das lebt und das bleibt." *(1 Petr 1, 23)*

13. *Von Gottes Art*

Der Apostel Paulus sagt, dass wir von Gottes Art sind, von seinem Geschlecht, mit ihm wesensverwandt. *(vgl. Apg 17, 28)* Das setzt voraus, dass sich in jedem von uns etwas befindet, das Gott zugehörig ist. Denken wir zusätzlich noch darüber nach, dass Gott in seiner Schöpfung sich selbst denkt, sich verwirklicht, sich begreift und so erst ganz zu sich selbst kommt, dann muss dieses „Etwas", das Gott zugehörig ist und durch das Gott in seiner Schöpfung gegenwärtig ist, sich auch in unzähligen Variationen und in allen Details der Schöpfung wiederfinden. Dieses „Etwas" nennt die Tradition seit dem griechischen Philosophen Aristoteles die Seele, wie sie sich unterscheiden lässt als Naturseele *(lat. anima vegetativa),* Sinnenseele *(lat. anima sensitiva)* und Vernunftseele *(lat. anima intellectiva).* So kommt zum Ausdruck, dass Gottes Heiliger Geist in unterschiedlichen Graden der Ausprägung oder Vollkommenheit in der gesamten Schöpfung gegenwärtig ist. An diese Weltanschauung knüpft nahtlos jene Hoffnungsperspektive an, welche die biblische Offenbarung mit der Unsterblichkeit der Seele verbindet: „Die Seelen der Gerechten sind in Gottes Hand und keine Qual kann sie berühren. In den Augen der Toren sind sie gestorben, ihr Heimgang gilt als Unglück, ihr Scheiden von uns als Vernichtung; sie aber sind in Frieden. In den Augen der Menschen wurden sie gestraft; doch ihre Hoffnung ist voll Unsterblichkeit. Ein wenig nur werden sie gezüchtigt; doch sie empfangen große Wohltat. Denn Gott hat sie geprüft und fand sie seiner würdig. Wie Gold im Schmelzofen hat er sie erprobt und sie angenommen als ein vollgültiges Opfer. Beim Endgericht werden sie aufleuchten wie Funken, die durch ein Stoppelfeld sprühen." *(Weish 3, 1-7)*

Wie das geschehen kann, beschreibt das Buch der Weisheit mit der Allgegenwart von Gottes Geist in allem Geschaffenen: „Denn die Weisheit ist beweglicher als alle Bewegung; in ihrer Reinheit durchdringt und erfüllt sie alles. Sie ist ein Hauch der Kraft Gottes und reiner Ausfluss der Herrlichkeit des Allherrschers; darum fällt kein Schatten auf sie. Sie ist der Widerschein des ewigen Lichts, der ungetrübte Spiegel von Gottes Kraft, das Bild seiner Vollkommenheit. Sie ist nur eine und vermag doch alles; ohne sich zu ändern, erneuert sie alles. Von Geschlecht zu Geschlecht tritt sie in heilige Seelen ein und schafft Freunde Gottes und Propheten; denn Gott liebt nur den, der mit der Weisheit zusammenwohnt. Sie ist schöner als die Sonne und übertrifft jedes Sternbild. Sie ist strahlender als das Licht; denn diesem folgt die Nacht, doch über die Weisheit siegt keine Schlechtigkeit." *(Weish 7, 24-30)*

14. Gottesverwandtschaft

Indem Gott sich in seiner Schöpfung entäußert, legt er in alles Geschaffene eine tiefe Sehnsucht, zu seinem Schöpfer und Herrn zurückzukehren. „Er hat aus einem einzigen Menschen das ganze Menschengeschlecht erschaffen, damit es die ganze Erde bewohne. Er hat für sie bestimmte Zeiten und die Grenzen ihrer Wohnsitze festgesetzt. Sie sollten Gott suchen, ob sie ihn ertasten und finden könnten; denn keinem von uns ist er fern. Denn in ihm leben wir, bewegen wir uns und sind wir, wie auch einige von euren Dichtern gesagt haben: Wir sind von seiner Art." *(Apg 17, 26-28)* In außerordentlicher Weise hat Jesus Christus diese Gottesverwandtschaft und diese Liebe zum Schöpfer geoffenbart. „Er war in der Welt und die Welt ist durch ihn geworden, aber die Welt erkannte ihn nicht. Er kam in sein Eigentum, aber die Seinen nahmen ihn nicht auf. Allen aber, die ihn aufnahmen, gab er Macht, Kinder Gottes zu werden, allen, die an seinen Namen glauben, die nicht aus dem Blut, nicht aus dem Willen des Fleisches, nicht aus dem Willen des Mannes, sondern aus Gott geboren sind." *(Joh 1, 10-13)* „Ihr seid neu geboren worden, nicht aus vergänglichem, sondern aus unvergänglichem Samen: aus Gottes Wort, das lebt und das bleibt." *(1 Petr 1, 23)*

So ist also das Geheimnis der Auferstehung und des ewigen Lebens dort zu suchen, wo die menschliche Seele aus Gott geboren wird. In diesem Seelenfunken, sozusagen einem Stückchen Unsterblichkeit inmitten des sterblichen Organismus, wird sich Gott seiner selbst bewusst. Durch ihn ist dem Menschen jene Sehnsucht eingepflanzt, die ihn auf allen Wegen seines Lebens und in der Stunde seines Todes nach Gott streben und zu Gott zurückkehren lässt. Deshalb wird auch der Prozess der göttlichen Dialektik naturgemäß vielleicht besser als Geburtsvorgang beschrieben. Gott entäußert sich nicht nur, um in dem von sich Verschiedenen wiederum sich selbst zu finden und sich sozusagen im Antlitz des anderen wiederzuerkennen und zu lieben. Vielmehr muss gesagt werden: Gott kommt im wahrsten Sinne des Wortes zur Welt, er entbindet sich in seiner Schöpfung, um sich so wiederzuerkennen und so zu sich zurückzukehren. Prototyp dieser Entbindung ist Jesus Christus, der eingeborene Sohn Gottes, der uns dieses Geheimnis geoffenbart hat. „Allen aber, die ihn aufnahmen, gab er Macht, Kinder Gottes zu werden." *(Joh 1, 12)*

15. Sehnsucht als Gottesbeweis

Es gibt Argumente für die Wesensverwandtschaft mit Gott. An erster Stelle wäre die Sehnsucht zu nennen, die den Menschen zu Gott zieht und nach Gott Ausschau halten lässt. „Gott, du mein Gott, dich suche ich, meine Seele dürstet nach dir. Nach dir schmachtet mein Leib wie dürres, lechzendes Land ohne Wasser." *(Ps 63, 2)* Der Mensch gleicht einer Art Zwillingsgeburt, die ständig das Gefühl hat, unvollkommen zu sein und deshalb nach dem zweiten Zwilling sucht, ohne zu wissen, wie er sein wird. Die einfachste und natürlichste Erklärung für diese namenlose Sehnsucht ist die Tatsache, dass der Mensch sozusagen Träger der Zwillingsgene Gottes ist. Jesus Christus hat diese spezielle Verwandtschaft nicht nur als Vater-Sohn-Beziehung bezeichnet, sondern sich selbst als Sohn Gottes und Gott als seinen Vater gesehen. Alle anderen Gemeinschaftsgleichnisse vom Weinstock und seinen Rebzweigen, vom

Weizenkorn, das reiche Frucht bringt, von der Herde und ihrem Hirten, von Vater und Sohn, von der Gotteskindschaft, vom Leib Christi und seinen Gliedern oder vom Haus aus lebendigen Steinen sind Variationen dieser ursprünglichen Beziehung, in welcher der Mensch von Gott ausgeht und wiederum zu Gott zurückkehrt. Der italienische Dichter Dante Alighieri schreibt: „Das höchste Streben und Verlangen eines Dinges, das ihm zuerst von der Natur eingeprägt, ist die Heimkehr zu seinem Ursprung. Und weil Gott der Ursprung unserer Seelen ist, so verlangt sie vornehmlich heimzukehren zu ihm." Außerdem verfügt der Mensch über eine außerordentliche schöpferische, wissenschaftliche und intellektuelle Kreativität, die nahelegt, dass er an der Schöpferkraft Gottes Anteil hat.

16. Die Seele als Ort von Gottes Gegenwart

Mit einer gewissen Denknotwendigkeit ist die Wesensverwandtschaft der Seele mit Gott auch daraus zu erschließen, dass dies zur Behauptung ihrer Unsterblichkeit notwendig ist. Wenn etwas am Menschen den Tod überdauern soll, so muss dies unsichtbar, ungreifbar, geistig, transzendent und ewig sein – Eigenschaften, die einzig und allein Gott zukommen können. Also ist es logisch, dass die Seele ein Teil von Gott ist, von Gott gezeugt, von ihm herkommend, im Menschen geboren, in ihm wachsend und reifend, zu ihm am Ende des Lebens zurückkehrend, vom Gottesacker geerntet wie eine reife Frucht.

Es ist ein berückend schöner und in seiner Logik klarer Gedanke, dass Gott in der Entäußerung der Schöpfung zu sich selbst kommt und sich selbst begreift. Das lässt sich vor allem auf der Ebene des Seelischen durchdenken. Gott ist sich selbst Seele, nämlich in der aristotelischen Abstufung von Naturseele, Sinnenseele und Vernunftseele. So kommt er in milliardenfachen Variationen und Multiplikationen zu sich selbst. So baut er sich selbst auf.

So bringt er sich als geistige Ernte ein. Deshalb können wir auch nie von ihm getrennt werden und nie aus seiner Hand herausfallen. Wir sind sozusagen genetisch untrennbar mit Gott verbunden.

Der italienische Heilige Franziskus von Assisi sagt: „Die Tiefe der Menschenseele birgt unergründliche Kräfte, weil Gott selbst in ihr wohnt." Der dänische Theologe Robert Cleaver Chapman schreibt: „Ehe unsere Erkenntnis für andere ein Segen werden kann, muss sie erst für uns selbst zum Kanal der Gemeinschaft unserer Seele mit Gott werden." Von dem deutschen Schriftsteller Jean Paul stammt der Gedanke: „Nicht unser Hirn, sondern unser Herz denkt die größten Gedanken. Unser Herz aber oder unsere Seele oder der Kern unserer Persönlichkeit ist ein Funke aus dem Lebenslichtermeer Gottes."

Der mittelalterliche Theologe Thomas von Aquin kennt die natürliche Sehnsucht des Menschen nach der Anschauung Gottes. Er nennt sie das naturgegebene Verlangen, Gott von Angesicht zu Angesicht zu schauen. *(lat. desiderium naturale ad videndum Deum – S. th. I, q. 12 a. 5)* Ein erstaunlicher Gottesbeweis in dieser Richtung ist meines Erachtens, dass bereits Kinder von Gott reden. Es ist immer wieder faszinierend, zu beobachten, wie Kinder im Kindergartenalter oder in der Grundschule mit großer Begeisterung und Fantasie von Gott erzählen. Es genügen schon wenige Impulsfragen, um bei Kindern die Fantasie sprudeln zu lassen. Sie können ganz genau sagen, wie sie sich Gott vorstellen.

17. Jesus Christus, Gottes Sohn

Jesus Christus hat um seine Bindung an Gott gekämpft. Er ist auch deshalb als Sohn Gottes und als göttlich aufzufassen, weil er wie kein Zweiter an seiner engen Beziehung und Wesensverwandtschaft zu Gott festgehalten und auf ihr beharrt hat. Seine Ankläger haben ihm vorgeworfen: „Du bist nur ein Mensch und machst dich selbst zu Gott." *(Joh 10, 33)* Jesus aber hatte eine faszinierend tiefe Einsicht in die existentielle Bindung, die Gott und Mensch in eine Schicksalsgemeinschaft zusammenbringt. Deshalb fand er es nur natürlich und überhaupt nicht ungewöhnlich, allen Menschen den Status von „Kindern Gottes“ zuzugestehen: „Heißt es nicht in eurem Gesetz: Ich habe gesagt: Ihr seid Götter? Wenn er jene Menschen Götter genannt hat, an die das Wort Gottes ergangen ist, und wenn die Schrift nicht aufgehoben werden kann, dürft ihr dann von dem, den der Vater geheiligt und in die Welt gesandt hat, sagen: Du lästerst Gott - weil ich gesagt habe: Ich bin Gottes Sohn?“ *(Joh 10, 34-36)* Dabei konnte er sich auf das Buch der Psalmen berufen, wo es heißt: „Wohl habe ich gesagt: Ihr seid Götter, ihr alle seid Söhne des Höchsten.“ *(Ps 82, 6)*

18. Gott und der Vaterkomplex

Gott ist durch den Perspektivenwechsel erkennbar. Starke Einwände gegen jede Rede von Gott bestehen darin, dass die Religionskritik mit dem Psychoanalytiker Sigmund Freud sagt: Gott ist nichts anderes als dein verdrängtes Vaterbild, dein Vaterkomplex. Außerdem hast du, wie der Schweizer Biologe Jean Piaget es ausdrücken würde, ein animistisch-artifizialistisches Weltbild und meinst deshalb, die Welt wäre von einem intelligenten Schöpfer gebildet worden, wie von einem Künstler, der den Ton formt. Bei diesen Vorwürfen werden jedoch Ursache und Wirkung, Urbild und Abbild, Sein und Seiendes verwechselt. Nicht mein verdrängtes Vaterbild ist die Ursache meines Gottesglaubens. Vielmehr ist die Tatsache, dass Gott zeugt und erschafft, dass er sich seinem Wesen nach in das Dasein der Welt entlässt, das Urbild und die Ursache aller weltlichen Vaterschaft. „Daher beuge ich meine Knie vor dem Vater, von dem jede Vaterschaft in den Himmeln und auf Erden benannt wird, und bitte, er möge euch aufgrund des Reichtums seiner Herrlichkeit schenken, dass ihr in eurem Inneren durch seinen Geist an Kraft und Stärke zunehmt. Durch den Glauben wohne Christus in eurem Herzen. In der Liebe verwurzelt und auf sie gegründet, sollt ihr zusammen mit allen Heiligen dazu fähig sein, die Länge und Breite, die Höhe und Tiefe zu ermessen und die Liebe Christi zu verstehen, die alle Erkenntnis übersteigt. So werdet ihr mehr und mehr von der ganzen Fülle Gottes erfüllt. Er aber, der durch die Macht, die in uns wirkt, unendlich viel mehr tun kann, als wir erbitten oder uns ausdenken können, er werde verherrlicht durch die Kirche und durch Christus Jesus in allen Generationen, für ewige Zeiten. Amen." *(Eph 3, 14-21)*

19. Er, den meine Seele liebt

Nachdem alles im Menschsein auf Dialog angelegt ist, angefangen bei der Sprachentwicklung bis hin zu der Tatsache, dass jeder Mensch seine Umwelt braucht, die Sonne, die Luft, die Nahrung, die Sozialkontakte, deshalb erscheint es wahrscheinlich, dass dem, was wir Seele nennen, ein Äquivalent außerhalb und gegenüber ihr entspricht. Im biblischen Sinn ist das Gott, „er, den meine Seele liebt." *(Hoheslied 3, 4)* „Des Nachts auf meinem Lager suchte ich ihn, den meine Seele liebt. Ich suchte ihn und fand ihn nicht. Aufstehen will ich, die Stadt durchstreifen, die Gassen und Plätze, ihn suchen, den meine Seele liebt. Ich suchte ihn und fand ihn nicht. Mich fanden die Wächter bei ihrer Runde durch die Stadt. Habt ihr ihn gesehen, den meine Seele liebt? Kaum war ich an ihnen vorüber, fand ich ihn, den meine Seele liebt. Ich packte ihn, ließ ihn nicht mehr los, bis ich ihn ins Haus meiner Mutter brachte, in die Kammer derer, die mich geboren hat." *(Hoheslied 3, 1-4)* Jesus Christus hat dementsprechend die Liebe, die Gott selbst ist *(vgl. 1 Joh 4, 16)*, zum Fundament seiner Offenbarung gemacht: „Darum sollst du den Herrn, deinen Gott, lieben mit ganzem Herzen und ganzer Seele, mit deinem ganzen Denken und mit deiner ganzen Kraft. Als zweites kommt hinzu: Du sollst deinen Nächsten lieben wie dich selbst." *(Mk 12, 30-31)*

20. In Gottes Licht hineinwachsen

Im Gegenüber zu Gott nimmt die Seele Gestalt an. Sie wächst und reift. Sie sucht und strebt wie ein Samenkorn, das dem Sonnenlicht entgegenwächst. Das Samenkorn fragt nicht nach dem Warum. Es folgt schlichtweg seiner Natur. So gehört es zur Natur der Seele, in Sehnsucht dem entgegenzustreben, „über das hinaus Größeres nicht gedacht werden kann," wie der mittelalterliche Theologe Anselm von Canterbury gesagt hat. Allerdings ist diese Wortwahl missverständlich. Die Seele denkt nicht nur über Gott nach, sie nimmt ihn vor allem intuitiv wahr. So kann der Verstand über das reden, was die Seele empfindet. Und dies ist vor allem und immer wieder die intensive Erfahrung, dass Gott anwesend und gegenwärtig ist, dass Gott als Anwesenheit im Raum und als reine Gegenwart im Fluss der Zeit erfahren wird. Sein Wesen erscheint klar und deutlich, wahr und ewig, erhaben und doch auch sympathisch, fein und zugleich intensiv, schweigend und doch so vieles erklärend und verdeutlichend. Nichts Beängstigendes ist an ihm, eher lichte, frohe und gelassene Heiterkeit. Und es ist ein echter Dialog, der zwischen Gott und der Seele stattfindet. Weder geht die Seele in Gott auf noch geht Gott in der Seele auf. Es sind zwei getrennte Wirklichkeiten, so wahr ich mich selbst als realistische und die Realität erkennende Persönlichkeit wahrnehme. Gott und Seele stehen einander getrennt gegenüber. Am besten könnte man sagen: Wir sind von Gottes Art, im Wesen ihm ähnlich, geistesverwandt. Aber all das kann, wie gesagt, nur deduktiv behauptet werden, es lässt sich nur indirekt erschließen, als logische Folge der Existenz Gottes einerseits und der menschlichen Selbsterfahrung andererseits. Niemand kann beweisen, dass es eine Seele gibt, aber empfinden kann ich es sehr wohl. Niemand kann beweisen, dass es einen Gott gibt, aber wahrnehmen kann ich ihn sehr wohl. Das ist ja das Schöne und Einmalige am Gottesglauben, dass mit jedem Menschen eine neue Liebesgeschichte zum Ewigen hin beginnt, die manchmal glimmt, manchmal hell aufleuchtet, manchmal vor sich hindämmert und tragischerweise auch manchmal bereits im Keim der Unwissenheit und der Gedankenlosigkeit erstickt ist. Zwischen Gott und der Seele entsteht nicht nur eine Liebesgeschichte, sondern, sofern sich das Licht der Vernunft dieser Geschichte bemächtigt, auch ein gigantisches Forschungsprojekt. Das, was ich in Meditation und Kontemplation erschaue, suche ich in verständliche Worte zu fassen *(lat. contemplata aliis tradere)* – als Angebot für alle, die mit mir im Glauben unterwegs sind, auf dass sie zusehen mögen, ob sie Ähnliches auch schon erlebt haben.

21. Gott, die Quelle des Lebens

Wenn wir die Seele als geistige Gegenwart Gottes im Menschen auffassen, so fasziniert vor allem die Kunstfertigkeit dieses Gedankenkonzepts. Mit der Seele macht sich der Mensch in seiner ansonsten auf Dialog und Außenreize angelegten Existenz innerlich unabhängig, selbstständig und vollständig. Indem ich mich als Funke des göttlichen Wesens begreife, gehe ich ebenso energiegeladen wie zielstrebig durchs Leben. Gegenüber dem absolut unabhängigen und allmächtigen Gott erstehe ich, das göttliche Wesen nachahmend, in gleicher Weise zu göttlicher Selbstständigkeit und Unabhängigkeit. In mir lebt und wirkt die göttliche Energie fort, die am Anfang der Schöpfung alles aus sich entlassen hatte, als Gott sprach: „Es werde Licht!" *(Gen 1, 3)* Bereits Aristoteles kannte diese allem Sein innewohnende Lebenskraft. Er nannte sie Energie *(griech. energeia)* und Entelechie *(griech. entelecheia)*, das allem Lebendigen innewohnende Streben nach Selbstverwirklichung und Vollendung.

„Denn bei dir ist die Quelle des Lebens, in deinem Licht schauen wir das Licht." *(Ps 36, 10)* In diesen Worten spiegelt sich eine mystische Gotteserfahrung. Eine tiefe Sehnsucht führt mich zu dieser Quelle des Lebens. Die gesamte Religionsgeschichte ist der Versuch, diesem Ursprung des Lebens näher zu kommen. Wir fragen uns, wo wir herkommen, und sind zugleich überzeugt, dass wir dahin zurückkehren müssen, wie ein verlorener Sohn, der zu seinem Vater zurückkehren möchte. Es drängt uns, mit dem Ursprung unseres Lebens und allen Lebens nicht nur in Kontakt zu kommen, sondern uns auch mit ihm zu unterhalten, zu ihm zu sprechen, zu ihm zu beten, ihm zu danken, mit ihm vereinigt zu werden. Das ist kein religiös-moralisches Gebot, das man schlechten Gewissens eben befolgen müsste, sondern ein Herzensbedürfnis. Je näher wir der Quelle des Lebens kommen, desto deutlicher erfahren wir, dass diese Quelle wie Licht ist: Klarheit, reine Gegenwart, persönliche Ausstrahlung, Liebe, Geborgenheit, Heimat, Seele des Daseins. Wie wir die Summe aller Eigenschaften, die einen Menschen als Person ausmachen, als Seele bezeichnen, so nennen wir die Summe aller Eigenschaften, die an dieser Quelle des Lebens wahrnehmbar sind, Gott.

22. Gott kann man tatsächlich sehen

„Ich aber will in Gerechtigkeit dein Angesicht schauen, mich satt sehen an deiner Gestalt, wenn ich erwache." *(Ps 17, 15)* Der Aussage „Gott ist Licht" entspricht vonseiten des Menschen die Fähigkeit zur Schau Gottes. Der Apostel Paulus sagt: „Jetzt schauen wir in einen Spiegel und sehen nur rätselhafte Umrisse, dann aber schauen wir von Angesicht zu Angesicht. Jetzt erkenne ich unvollkommen, dann aber werde ich durch und durch erkennen, so wie ich auch durch und durch erkannt worden bin." *(1 Kor 13, 12)* Es ist also möglich, Gott zu sehen. Indem ich Gott schaue, wird mir Gottes Wesen ebenso klar wie mein eigenes Wesen. In der Schau Gottes entdecke ich, dass ich eine Seele habe, und dass diese Seele ebenso fähig zur Schau Gottes ist, wie sie auch unmittelbar zu Gott ist, ja ihm wesensgleich. Das größte Unrecht, das wir Gott antun können, ist, ihn in den Wortlaut unserer Sprachregeln einzusperren. Das größte Glück dagegen ist es, Gott von Angesicht zu Angesicht zu begegnen. Aus dieser Begegnung erwächst die Erkenntnis: Die

Worte der Heiligen Schrift sind voll von Gott, aber erst die persönliche Begegnung mit Gott ist die eigentliche Realität. Deshalb ist es bedauerlich, wenn Schriftgelehrte das möglichst raffinierte Balancieren mit Worthülsen als Glauben bezeichnen. Der Glaube beginnt da, wo ein Mensch in der Realität Gott begegnet. Glaube ist der Raum, der sich unmittelbar zwischen zwei Gesichtern, zwischen zwei Blicken, in der Wahrnehmung gegenseitiger Zuneigung auftut. Und wieder spricht in diese menschliche Erfahrung Martin Buber sein unsterbliches Wort: „Der Mensch wird am Du zum Ich." Im Licht von Gottes Angesicht entdeckt der Mensch seine Seele, er gibt ihr in sich Raum und lässt ihr Flügel wachsen.

Gott ist Licht – diese Erkenntnis hat ihren Sitz wohl auch in der Realität bei den Berichten von Komapatienten nach einer Nahtoderfahrung. Dieses Licht am Ende des Tunnels, das so mild, beglückend, beseligend und von faszinierender Anziehungskraft ist, zeigt eindeutig in die Richtung der schlussfolgernden Erkenntnis: Wir Menschen sind von Gottes Art, wir sind ein Teil von Gott, wir gehen von Gott aus und sehnen uns danach, wieder zu ihm zurückzukehren, heimzukehren, wieder ganz und vollendet zu sein.

23. Überzeugt von der Gegenwart Gottes

Der Glaube an die Gegenwart Gottes in der menschlichen Seele ist keineswegs nur eine persönliche, individuelle Erfahrung. Die Bibel legt davon Zeugnis ab, dass sich das Volk Gottes auch insgesamt in die Gegenwart Gottes hineingestellt sah. Dafür steht der Name *Immanuel* – Gott mit uns. „Darum wird euch der Herr von sich aus ein Zeichen geben: Seht, die Jungfrau wird ein Kind empfangen, sie wird einen Sohn gebären und sie wird ihm den Namen Immanuel (Gott mit uns) geben." *(Jes 7, 14; vgl. Jes 8, 10)* „Der Herr der Heerscharen ist mit uns, der Gott Jakobs ist unsre Burg." *(Ps 46, 8)* „Gott ist mit uns, ja, unser Gott ist mit uns." *(Jdt 13, 11)* Hier zeigt sich, dass die allumfassende Gegenwart Gottes kein

Pantheismus ist, der Gott in allen Dingen findet, sondern die lebendige Glaubenserfahrung des Volkes Israel mit seinem persönlichen Gott. „Nahe bist du, Herr, und alle deine Gebote sind Wahrheit." *(Ps 119, 151)* In besonderer Weise empfand der Apostel Paulus die Nähe und Gegenwart des Herrn: „Freut euch im Herrn zu jeder Zeit! Noch einmal sage ich: Freut euch! Eure Güte werde allen Menschen bekannt. Der Herr ist nahe." *(Eph 4, 4-5)*

24. Die Schöpfung lebt aus der Beziehung zu Gott

„Du sollst den Herrn, deinen Gott, lieben mit ganzem Herzen, mit ganzer Seele und mit all deinen Gedanken. Das ist das wichtigste und erste Gebot. Ebenso wichtig ist das zweite: Du sollst deinen Nächsten lieben wie dich selbst." *(Mt 22, 37-39)* Jesus Christus schließt damit den Kreis, der um Gott und die Seele zu ziehen ist. Indem ich unmittelbar zu Gott bin und ganz in ihm aufgehe, erkenne ich, dass zugleich mit mir jeder Mensch, ja die ganze Schöpfung aus der Beziehung zu Gott lebt. „Denn in ihm leben wir, bewegen wir uns und sind wir, wie auch einige von euren Dichtern gesagt haben: Wir sind von seiner Art." *(Apg 17, 28)* Die neue Gottesbeziehung, die Jesus Christus geoffenbart hat, ist in allem, was lebt, angelegt. Es bedarf nur der Bewusstwerdung und der Verinnerlichung dieser Erkenntnis. Dadurch wird alles verständlich und doch zugleich neu geordnet, was die Bibel uns sagt. Jesus greift auf ein Existential zurück, das schon immer in die Schöpfung, in besonderer Weise jedoch in die geistige Schöpfung hineingelegt ist. Gottes Wesen ist schon immer da. Der Mensch als vernunftbegabtes Lebewesen gibt dem lediglich in den Dimensionen der Sprache eine Stimme. So baut sich die Strahlkraft des christlichen Glaubens auf: Gott kommt zur Sprache und offenbart sich. Die Realitätsdichte nimmt zu. Die positive Energie bricht sich Bahn. Inmitten dieses Prozesses aktualisiert und perfektioniert sich mein Ich zu bisher nie gekanntem Adel und zu neuer Würde.

25. Chaos und Kosmos

Gott und das Chaos – das scheinen zwei unüberbrückbare Gegensätze zu sein. Wie kann ich an einen guten Gott glauben, wenn bei Vulkanausbrüchen, Überschwemmungen, Erdbeben oder anderen Naturkatastrophen tausende von Menschen sterben müssen, von der Umweltzerstörung einmal ganz abgesehen? Das Mysterium der Rechtfertigung Gottes angesichts des Bösen und des Leids in der Welt *(griech. theodizee)* stellt eine radikale Läuterung unserer Gottesvorstellung dar. Am Chaos kommt keiner vorbei, der sonst immer den Kosmos lobt, also die ewige Ordnung des Weltalls. Chaos und Kosmos müssen in ein emanzipiertes, erwachsenes und realistisches Gottesbild einfließen können, sonst halten sie der Realität nicht stand.

26. In Gott geborgen

Mit dem Licht Gottes verbindet sich die Vorstellung von Heimat und Geborgenheit. Der Hebräerbrief sagt über die Patriarchen: „Nun aber streben sie nach einer besseren Heimat, nämlich der himmlischen. Darum schämt sich Gott ihrer nicht, er schämt sich nicht, ihr Gott genannt zu werden; denn er hat für sie eine Stadt vorbereitet." *(Hebr 11, 16)* „Denn wir haben hier keine Stadt, die bestehen bleibt, sondern wir suchen die künftige." *(Hebr 13, 14)* Im Philipperbrief heißt es: „Unsere Heimat aber ist im Himmel. Von dorther erwarten wir auch Jesus Christus, den Herrn, als Retter." *(Phil 3, 20)* Gestärkt wird diese Beheimatung in Gott durch die Erfahrung, dass Gott mir stets gegenwärtig ist: „Ich habe den Herrn beständig vor Augen. Er steht mir zur Rechten, ich wanke nicht. Darum freut sich mein Herz und frohlockt meine Seele; auch mein Leib wird wohnen in Sicherheit. Denn du gibst mich nicht der Unterwelt preis; du lässt deinen Frommen das Grab nicht schauen. Du zeigst mir den Pfad zum Leben. Vor deinem Angesicht herrscht

Freude in Fülle, zu deiner Rechten Wonne für alle Zeit." *(Ps 16, 8-11)* Diese Gegenwart Gottes hört niemals auf. Sie trägt über die Schwelle zwischen Leben und Tod und führt in das Reich des Lichtes und des Friedens. „Denn wie der Vater die Toten auferweckt und lebendig macht, so macht auch der Sohn lebendig, wen er will. Auch richtet der Vater niemand, sondern er hat das Gericht ganz dem Sohn übertragen, damit alle den Sohn ehren, wie sie den Vater ehren. Wer den Sohn nicht ehrt, ehrt auch den Vater nicht, der ihn gesandt hat. Amen, amen, ich sage euch: Wer mein Wort hört und dem glaubt, der mich gesandt hat, hat das ewige Leben; er kommt nicht ins Gericht, sondern ist aus dem Tod ins Leben hinübergegangen. Amen, amen, ich sage euch: Die Stunde kommt, und sie ist schon da, in der die Toten die Stimme des Sohnes Gottes hören werden; und alle, die sie hören, werden leben. Denn wie der Vater das Leben in sich hat, so hat er auch dem Sohn gegeben, das Leben in sich zu haben." *(Joh 5, 21-26)*

27. Zeugen des Lichts

Bedeutende Zeugen des göttlichen Lichts finden sich an zahlreichen Stellen der Bibel. An erster Stelle ist der Verfasser des Schöpfungsberichts zu nennen. Er lässt die Erschaffung der Welt als Übergang vom Chaos zum Kosmos bezeichnenderweise mit dem Licht beginnen: „Im Anfang schuf Gott Himmel und Erde; die Erde aber war wüst und wirr, Finsternis lag über der Urflut und Gottes Geist schwebte über dem Wasser. Gott sprach: Es werde Licht. Und es wurde Licht. Gott sah, dass das Licht gut war. Gott schied das Licht von der Finsternis und Gott nannte das Licht Tag und die Finsternis nannte er Nacht. Es wurde Abend und es wurde Morgen: erster Tag." *(Gen 1, 1-5)* Nachdem Sonne und Mond erst später erschaffen wurden *(vgl. Gen 1, 15)*, kann es sich bei diesem Licht jedoch nicht um ein rein natürliches Phänomen handeln. Vielmehr ist das „Licht" als solches wie „Gottes Geist" und Gottes

„Lebensatem" bereits hier eine Metapher für Gottes übernatürliche Energie oder für seine Gegenwart in allen Dingen. Das nizäno-konstantinopolitanische Glaubensbekenntnis verortet sogar das Wesen des Gottessohnes Jesus Christus in diesem Licht, wenn es von Christus sagt: „Gott von Gott, Licht vom Licht, wahrer Gott vom wahren Gott, gezeugt, nicht geschaffen, eines Wesens mit dem Vater." Es ist dieser Gott, „der allein die Unsterblichkeit besitzt, der in unzugänglichem Lichte wohnt." *(1 Tim 6, 16)*

28. Der brennende Dornbusch

Gott sprach zu Mose aus dem brennenden Dornbusch: „Dort erschien ihm der Engel des Herrn in einer Flamme, die aus einem Dornbusch emporschlug. Er schaute hin: Da brannte der Dornbusch und verbrannte doch nicht. Mose sagte: Ich will dorthin gehen und mir die außergewöhnliche Erscheinung ansehen. Warum verbrennt denn der Dornbusch nicht? Als der Herr sah, dass Mose näher kam, um sich das anzusehen, rief Gott ihm aus dem Dornbusch zu: Mose, Mose! Er antwortete: Hier bin ich. Der Herr sagte: Komm nicht näher heran! Leg deine Schuhe ab; denn der Ort, wo du stehst, ist heiliger Boden. *(Ex 3, 2-5)* Das Licht Gottes erschien dem Mose auch später am Berg Sinai: „Als Mose vom Sinai herunterstieg, hatte er die beiden Tafeln der Bundesurkunde in der Hand. Während Mose vom Berg herunterstieg, wusste er nicht, dass die Haut seines Gesichtes Licht ausstrahlte, weil er mit dem Herrn geredet hatte. Als Aaron und alle Israeliten Mose sahen, strahlte die Haut seines Gesichtes Licht aus und sie fürchteten sich, in seine Nähe zu kommen." *(Ex 34, 29-30)* Wo sich Gott dem Menschen zuwendet, hinterlässt er also Licht. „Denn Gott, der sprach: Aus Finsternis soll Licht aufleuchten!, er ist in unseren Herzen aufgeleuchtet, damit aufstrahlt die Erkenntnis des göttlichen Glanzes auf dem Antlitz Christi." *(2 Kor 4, 6)*

29. Der Prophet des Lichts

Beim Propheten Jesaja heißt es: „Das Volk, das im Dunkel lebt, sieht ein helles Licht; über denen, die im Land der Finsternis wohnen, strahlt ein Licht auf. Du erregst lauten Jubel und schenkst große Freude. Man freut sich in deiner Nähe, wie man sich freut bei der Ernte, wie man jubelt, wenn Beute verteilt wird." *(Jes 9, 1-2)* „Auf, werde licht, denn es kommt dein Licht und die Herrlichkeit des Herrn geht leuchtend auf über dir. Denn siehe, Finsternis bedeckt die Erde und Dunkel die Völker, doch über dir geht leuchtend der Herr auf, seine Herrlichkeit erscheint über dir. Völker wandern zu deinem Licht und Könige zu deinem strahlenden Glanz." *(Jes 60, 1-3)* „Ihr vom Haus Jakob, kommt, wir wollen unsere Wege gehen im Licht des Herrn." *(Jes 2, 5)* „Bei Tag wird nicht mehr die Sonne dein Licht sein, und um die Nacht zu erhellen, scheint dir nicht mehr der Mond, sondern der Herr ist dein ewiges Licht, dein Gott dein strahlender Glanz." *(Jes 60, 19)* „So gehe ich vor Gott meinen Weg im Licht der Lebenden." *(Ps 56, 14)*

30. Das Licht des Lebens

Das Buch Hiob schreibt: „Sieh, alles das pflegt Gott zu tun, zweimal, ja dreimal mit den Menschen, um fern zu halten seine Seele von dem Grab, um ihm zu leuchten mit dem Licht des Lebens." *(Hi 33, 29-30)* In den Psalmen Davids steht: „Der Herr ist mein Licht und mein Heil: Vor wem sollte ich mich fürchten? Der Herr ist die Kraft meines Lebens: Vor wem sollte mir bangen?" *(Ps 27, 1)* Der Prophet Daniel sagt von Gott: „Er enthüllt tief verborgene Dinge; er weiß, was im Dunkeln ist, und bei ihm wohnt das Licht." *(Dan 2, 22)* Im Buch der Weisheit wird das Licht mit Gottes Vollkommenheit und mit dem Hauch seines Geistes in Verbindung gebracht: „Denn die Weisheit ist beweglicher als alle Bewegung; in ihrer Reinheit durchdringt und erfüllt sie alles. Sie ist ein Hauch der Kraft Gottes und reiner Ausfluss der Herrlichkeit des Allherrschers; darum fällt kein Schatten auf sie. Sie ist der Widerschein des ewigen Lichts, der ungetrübte Spiegel von Gottes Kraft, das Bild seiner Vollkommenheit." *(Weish 7, 24-26)*

31. Das Licht kam in die Welt

Am Beginn des Neuen Testaments prophezeit Zacharias, der Vater Johannes des Täufers: „Durch die barmherzige Liebe unseres Gottes wird uns besuchen das aufstrahlende Licht aus der Höhe, um allen zu leuchten, die in Finsternis sitzen und im Schatten des Todes, und unsre Schritte zu lenken auf den Weg des Friedens." *(Lk 1, 78-79)* Von Johannes dem Täufer heißt es: „Er kam als Zeuge, um Zeugnis abzulegen für das Licht, damit alle durch ihn zum Glauben kommen. Er war nicht selbst das Licht, er sollte nur Zeugnis ablegen für das Licht. Das wahre Licht, das jeden Menschen erleuchtet, kam in die Welt." *(Joh 1, 7-9)*

32. Der Glanz des Herrn

Zu Beginn der Kindheitsgeschichten Jesu spielt das Licht eine besondere Rolle. Als den Hirten auf den Feldern von Betlehem der Engel des Herrn erschien, um die Geburt des Messias zu verkünden, standen auch sie im göttlichen Licht. „Da trat der Engel des Herrn zu ihnen, und der Glanz des Herrn umstrahlte sie." *(Lk 2, 9)* Auch der Weg der Sterndeuter aus dem Osten wird vom göttlichen Licht begleitet: „Da kamen Sterndeuter aus dem Osten nach Jerusalem und fragten: Wo ist der neugeborene König der Juden? Wir haben seinen Stern aufgehen sehen und sind gekommen, um ihm zu huldigen. Und der Stern, den sie hatten aufgehen sehen, zog vor ihnen her bis zu dem Ort, wo das Kind war; dort blieb er stehen. Als sie den Stern sahen, wurden sie von sehr großer Freude erfüllt. Sie gingen in das Haus und sahen das Kind und Maria, seine Mutter; da fielen sie nieder und huldigten ihm." *(Mt 2, 1-2. 9-11)*

33. Christus, das Licht der Welt

Jesus von Nazaret sagt von sich selbst: „Ich bin das Licht der Welt. Wer mir nachfolgt, wird nicht in der Finsternis umhergehen, sondern wird das Licht des Lebens haben." *(Joh 8, 12)* Zugleich spricht Jesus von jenem „wahren Licht, das jeden Menschen erleuchtet" *(Joh 1, 9)* und sagt zu seinen Jüngern: „Ihr seid das Licht der Welt. Eine Stadt, die auf einem Berg liegt, kann nicht verborgen bleiben. Man zündet auch nicht ein Licht an und stülpt ein Gefäß darüber, sondern man stellt es auf den Leuchter; dann leuchtet es allen im Haus. So soll euer Licht vor den Menschen leuchten, damit sie eure guten Werke sehen und euren Vater im Himmel preisen." *(Mt 5, 14-16)*

Auch die Apostel Petrus, Jakobus und Johannes dürfen als Zeugen des göttlichen Lichts genannt werden. Von der Verklärung Jesu auf dem Berg Tabor, bei denen die Apostel als Augenzeugen dabei waren, heißt es nämlich: „Und er wurde vor ihren Augen verwandelt; sein Gesicht leuchtete wie die Sonne und seine Kleider wurden blendend weiß wie das Licht." *(Mt 17, 2)* Ähnlich klingt die Erscheinung bei der Auferstehung Jesu am Ostermorgen, die Maria aus Magdala und der anderen Maria zuteil geworden ist: „Plötzlich entstand ein gewaltiges Erdbeben; denn ein Engel des Herrn kam vom Himmel herab, trat an das Grab, wälzte den Stein weg und setzte sich darauf. Seine Gestalt leuchtete wie ein Blitz und sein Gewand war weiß wie Schnee." *(Mt 28, 2-3)* Auch im übertragenen Sinn war Jesus Christus das Licht der Welt, ein Licht der Hoffnung, einer, der den Gefangenen die Entlassung verkündete und den Blinden das Augenlicht, der die Zerschlagenen in Freiheit setzte und ein Gnadenjahr des Herrn ausrief. *(vgl. Luk 4, 18)*

34. Im Herzen aufgeleuchtet

Der Apostel Paulus berichtet über seine Bekehrung: „Als ich nun unterwegs war und mich Damaskus näherte, da geschah es, dass mich um die Mittagszeit plötzlich vom Himmel her ein helles Licht umstrahlte. Ich stürzte zu Boden und hörte eine Stimme zu mir sagen: Saul, Saul, warum verfolgst du mich? Ich antwortete: Wer bist du, Herr? Er sagte zu mir: Ich bin Jesus, der Nazoräer, den du verfolgst. Meine Begleiter sahen zwar das Licht, die Stimme dessen aber, der zu mir sprach, hörten sie nicht." *(Apg 22, 6-9)* „Denn Gott, der sprach: Aus Finsternis soll Licht aufleuchten!, er ist in unseren Herzen aufgeleuchtet, damit wir erleuchtet werden zur Erkenntnis des göttlichen Glanzes auf dem Antlitz Christi." *(2 Kor 4, 6)* „Denn einst wart ihr Finsternis, jetzt aber seid ihr durch den Herrn Licht geworden. Lebt als Kinder des Lichts!" *(Eph 5, 8)*

Der Apostel Petrus sagt: „Ihr aber seid ein auserwähltes Geschlecht, eine königliche Priesterschaft, ein heiliger Stamm, ein Volk, das sein besonderes Eigentum wurde, damit ihr die großen Taten dessen verkündet, der euch aus der Finsternis in sein wunderbares Licht gerufen hat." *(1 Petr 2, 9)*

35. Gott ist Licht und keine Finsternis ist in ihm

Im ersten Johannesbrief schließlich steht: „Das ist die Botschaft, die wir von ihm gehört haben und euch verkünden: Gott ist Licht und keine Finsternis ist in ihm." *(1 Joh 1, 5)* Ein Psalmwort fasst besonders gut zusammen, was allen Zeugen des göttlichen Lichts gemeinsam ist, nämlich die Überzeugung, dass Gottes Licht Ausdruck seiner Gegenwart und Ausstrahlung seines Angesichts ist: „Recht und Gerechtigkeit sind die Stützen deines Thrones, Huld und Treue schreiten vor deinem Antlitz her. Wohl dem Volk, das dich als König zu feiern weiß! Herr, sie gehen im Licht deines Angesichts. Sie freuen sich über deinen Namen zu jeder Zeit, über deine

Gerechtigkeit jubeln sie.“ *(Ps 89, 15-17)* Deshalb kann der Prophet Jesaja auch sagen: „Ihr vom Haus Jakob, kommt, wir wollen unsere Wege gehen im Licht des Herrn.“ *(Jes 2, 5)* Wer ganz in Gottes Gegenwart lebt, kann sagen: „Ich habe den Herrn beständig vor Augen. Er steht mir zur Rechten, ich wanke nicht. Darum freut sich mein Herz und frohlockt meine Seele; auch mein Leib wird wohnen in Sicherheit.“ *(Ps 16, 8-9)*

36. Wie das Morgenrot

Im Buch des Propheten Hosea steht: „Kommt, wir kehren zum Herrn zurück! Denn er hat Wunden gerissen, er wird uns auch heilen; er hat verwundet, er wird auch verbinden. Nach zwei Tagen gibt er uns das Leben zurück, am dritten Tag richtet er uns wieder auf und wir leben vor seinem Angesicht. Lasst uns streben nach Erkenntnis, nach der Erkenntnis des Herrn. Er kommt so sicher wie das Morgenrot; er kommt zu uns wie der Regen, wie der Frühjahrsregen, der die Erde tränkt.“ *(Hos 6, 1-3)* Die Erkenntnis Gottes und das „Leben vor seinem Angesicht“ gehen also Hand in Hand. Das ist nur möglich, weil wir „von Gottes Art“ sind und weil Gott dem Menschen „eine wirkende Seele eingehaucht und Lebensatem eingeblasen hat.“ *(Weish 15, 11)*

37. Ewige Ruhe und ewiges Licht

Das Requiem, die Heilige Messe für die Verstorbenen in der römisch-katholischen Kirche, beginnt seit nahezu 500 Jahren mit den Worten: „Ewige Ruhe schenke ihnen, o Herr: Es leuchte ihnen das ewige Licht.“ *(lat. Requiem aeternam dona eis, Domine: Et lux perpetua luceat eis)* Quelle dieses Textes ist zum einen das Buch Tobit, wo es heißt: „Lass mich jetzt aus meiner Not zur ewigen

Ruhestatt gelangen! Wende deine Augen nicht von mir ab!" *(Tobit 3, 6)* Zum anderen ist das Buch des Propheten Jesaja heranzuziehen, wo es heißt: „Bei Tag wird nicht mehr die Sonne dein Licht sein, und um die Nacht zu erhellen, scheint dir nicht mehr der Mond, sondern der Herr ist dein ewiges Licht, dein Gott dein strahlender Glanz. Deine Sonne geht nicht mehr unter und dein Mond nimmt nicht mehr ab; denn der Herr ist dein ewiges Licht, zu Ende sind deine Tage der Trauer." *(Jes 60, 19-20)* Gerade an den äußersten Grenzen des menschlichen Lebens, wo die Seele sich in Trauer und Todesangst dem Ewigen entgegenstreckt, haben das ewige Licht und die ewige Ruhe ihren Ort. Der Kirchenlehrer Augustinus sagt dazu am Beginn seiner „Confessiones": „Unruhig ist unser Herz, bis es Ruhe findet in dir, o Gott."

38. Meine Seele preist die Größe des Herrn

„Da sagte Maria: Meine Seele preist die Größe des Herrn, und mein Geist jubelt über Gott, meinen Retter." *(Lk 1, 46-47)* Der Anfang des Magnificat erinnert an das Wort des Kirchenlehrers Augustinus: „Gott und die Seele begehre ich zu erkennen. Nichts weiter? Überhaupt nichts anderes." *(lat. Deum et animam scire cupio. Nihilne plus? Nihil omnino – Soliloquia 1,7)* So kehre ich immer wieder an jenen Ort zurück, wo die Seele unmittelbar zu Gott steht. Dies bedeutet nach einem viel zitierten Spruch: „Die Seele in die Sonne halten." Gott ist Licht für die Seele. Seine Gegenwart lässt mich im Innersten zur Ruhe kommen und selig werden. Die Seele ist wie der empfindliche Bauchnabel, der mich daran erinnert, dass ich Teil des göttlichen Wesens bin. Jede Meditation über den eigenen Bauchnabel führt mich zum Ursprung meines Daseins zurück, zu dem Augenblick, als ich aus dem Schoß meiner Mutter zur Welt gekommen bin. Wie ich also alles, was ich bin, der Liebe meiner Mutter und meines Vaters verdanke, so bin ich an der innersten Stelle meines Wesens, dem geistigen Bauchnabel, mit Gott verbunden – in Dankbarkeit und unendlicher Sehnsucht. An diesem Ort füllt Gottes Gegenwart mein Wesen ganz und gar aus – wie das Licht einer Kerze, die den sie umgebenden Raum vollständig ausfüllt. Ich brauche dieses Licht, um auch mich selbst besser sehen zu können. Das Licht scheint bis in die entferntesten Abgründe meiner Persönlichkeit. Es wärmt und heilt. Der Egoist, der nichts außer sich gelten lässt, gleicht einem Kind, das unter Hospitalismus gelitten hat. In ständiger Isolationshaft, ohne Licht und ohne Sozialkontakte, verkümmert der Mensch. Sobald ihm jedoch die Nähe eines vertrauten, liebevollen und gütigen Du nahe kommt, blüht seine Seele auf. Das ist die Erfahrung, die Mose am brennenden Dornbusch gemacht hat: Gott ist der „Ich-bin-da.“ *(Ex 3, 14)* Es kann gar nicht oft genug betont werden, wie wichtig diese Wesensart Gottes für seine Geschöpfe ist. Letztlich ist das der einzige und fundamentalste Gottesbeweis, der zur Sprache gebracht werden kann. Es handelt ich dabei um eine intuitive Schau Gottes „von Angesicht zu Angesicht.“ *(vgl. 1 Kor 13, 12)* Alles andere verdankt sich dieser ursprünglichen Sternstunde des Glaubens. An dieser Stelle hat Jesus Christus das Tor zur Vereinigung mit Gott aufgestoßen. Er, der als Sohn Gottes angebetet und verehrt wird, hat uns in direkter Rede geoffenbart, „wie du, Vater, in mir bist und ich in dir bin, sollen auch sie in uns sein.“ *(Joh 17, 21)*

39. Das Licht des Glaubens

In der von den Papst Benedikt XVI. verfassten Einleitung zur Enzyklika „Lumen fidei“ aus dem Jahr 2013 wird eine kleine Summe der Theologie des Lichts dargeboten, die in ihrer Prägnanz nach wie vor lesenswert ist. Dort heißt es: „Das Licht des Glaubens – mit diesem Ausdruck hat die Tradition der Kirche das große Geschenk bezeichnet, das Jesus gebracht hat, der im Johannesevangelium über sich selber sagt: Ich bin das Licht, das in die Welt gekommen ist, damit jeder, der an mich glaubt, nicht in der Finsternis bleibt. *(Joh*

12, 46) Auch der heilige Paulus drückt dies mit ähnlichen Worten aus: Gott, der sprach: Aus Finsternis soll Licht aufleuchten!, er ist in unseren Herzen aufgeleuchtet. *(2 Kor 4, 6)* In der heidnischen, lichthungrigen Welt hatte sich der Kult für den Sonnengott „Sol invictus" *(griechisch Helios, ägyptisch Re)* entwickelt, der beim Sonnenaufgang angerufen wurde. Auch wenn die Sonne jeden Tag wiedergeboren wurde, verstand man sehr wohl, dass sie nicht imstande war, ihr Licht über das ganze Sein des Menschen auszustrahlen. Die Sonne erleuchtet ja nicht die ganze Wirklichkeit, ihr Strahl vermag nicht bis in den Schatten des Todes vorzudringen, dorthin, wo das menschliche Auge sich ihrem Licht verschließt... Im Bewusstsein des weiten Horizonts, den der Glaube ihnen eröffnete, nannten die Christen Christus die wahre Sonne, deren Strahlen Leben schenken *(Clemens von Alexandrien)*... Wer glaubt, sieht; er sieht mit einem Licht, das die gesamte Wegstrecke erleuchtet, weil es vom auferstandenen Christus her zu uns kommt, dem Morgenstern, der nicht untergeht... Das Licht des Glaubens besitzt... eine ganz besondere Eigenart, da es fähig ist, das gesamte Sein des Menschen zu erleuchten. Um so stark zu sein, kann ein Licht nicht von uns selber ausgehen, es muss aus einer ursprünglicheren Quelle kommen, es muss letztlich von Gott kommen. Der Glaube keimt in der Begegnung mit dem lebendigen Gott auf, der uns ruft und uns seine Liebe offenbart, eine Liebe, die uns zuvorkommt und auf die wir uns stützen können, um gefestigt zu sein und unser Leben aufzubauen. Von dieser Liebe verwandelt, empfangen wir neue Augen, erfahren wir, dass in ihr eine große Verheißung von Fülle liegt, und es öffnet sich uns der Blick in die Zukunft. Der Glaube, den wir von Gott als eine übernatürliche Gabe empfangen, erscheint als Licht auf dem Pfad, das uns den Weg weist in der Zeit. Einerseits kommt er aus der Vergangenheit, ist er das Licht eines grundlegenden Gedächtnisses, des Gedenkens des Lebens Jesu, in dem sich dessen absolut verlässliche Liebe gezeigt hat, die den Tod zu überwinden vermag. Da Christus aber auferstanden ist und über den Tod hinaus uns an sich zieht, ist der Glaube zugleich ein Licht, das von der Zukunft her kommt, vor uns großartige Horizonte eröffnet und uns über unser isoliertes Ich hinaus in die Weite der Gemeinschaft hineinführt. Wir begreifen also, dass der Glaube nicht im Dunkeln wohnt; dass er ein Licht für unsere Finsternis ist... Genau von diesem Licht des Glaubens möchte ich sprechen, damit es zunimmt und die Gegenwart erleuchtet, bis es ein Stern wird, der die Horizonte unseres Weges aufzeigt in einer Zeit, in der der Mensch des Lichtes ganz besonders bedarf." Was Gott und die Seele miteinander verbindet, hat die Tradition als Gnadensonne bezeichnet. Exemplarisch wird dieses Phänomen bei der Verklärung des Herrn greifbar, wo es heißt: „Er wurde vor ihren Augen verwandelt; sein Gesicht leuchtete wie die Sonne und seine Kleider wurden blendend weiß wie das Licht." *(Mt 17, 2)* Zugleich kommt mir das Wort in den Sinn: „Dann werden die Gerechten im Reich ihres Vaters wie die Sonne leuchten." *(Mt 13, 43)* In beiden Zitaten kommt jene mystische Erfahrung zum Tragen, wonach die Seele Gott wie das Licht der Sonne empfindet: warm, leuchtend, heilsam, beglückend, alles heilend, lebensnotwendig, die Dunkelheit vertreibend, persönlich ansprechend, aufbauend, ermutigend, verklärend, an sich ziehend.

40. Mittler zwischen Gott und den Menschen

„Einer ist Gott, einer auch Mittler zwischen Gott und den Menschen: der Mensch Christus Jesus." *(1 Tim 2, 5)* Ich halte diesen Satz für den „Schatz im Acker" *(Mt 13, 44)* und für die „wertvolle Perle" *(Mt 13, 46)* im Zeugnis des Neuen Testaments. Das ist die beste Erklärung der göttlichen Dreifaltigkeit, die sich überhaupt nur denken lässt. Keine der drei göttlichen Personen darf weggelassen werden. Erstens ist klar: Es gibt nur einen Gott. Er ist die Quelle jenes Lichts, das die Seele erleuchtet und zu Gott hin zieht. Zweitens ist ebenso klar, dass der Mensch im gegenwärtigen Stand seiner Entwicklung einer Hilfe bedarf, die ihm dieses Mysterium erschließen hilft. Das ist in der Tat in einmaliger und bisher unüberbietbarer Weise Jesus Christus. Seine Gottesbeziehung war so stark und intensiv, dass er sogar im Dialog mit den Hohenpriestern und Schriftgelehrten standhaft blieb. Beim Evangelisten Lukas heißt es, dass sie Jesus vorhielten: „Du bist also der Sohn Gottes. Er antwortete ihnen: Ihr sagt es - ich bin es." *(Lk 22, 70)* Was will man mehr! Indem ich also durch Christus, mit ihm und in ihm lebe, erschließt sich mir diese besondere und außergewöhnliche Gottesbeziehung. Drittens wollte die christliche Tradition schon immer dieser außergewöhnlichen Gottesbeziehung einen sprachlichen Ausdruck verleihen. Das geschah und geschieht je neu in der Rede vom Heiligen Geist, der in uns wirkt und schafft. Der Apostel Paulus sagt dazu: „Ihr habt den Geist empfangen, der euch zu Söhnen macht, den Geist, in dem wir rufen: Abba, Vater!" *(Röm 8, 15)*

41. Seele und Heiliger Geist

Im Schöpfungsbericht heißt es: „Da formte Gott, der Herr, den Menschen aus Erde vom Ackerboden und blies in seine Nase den Lebensatem. So wurde der Mensch zu einem lebendigen Wesen." *(Gen 2, 7)* Der Lebensatem ist also ein Teil von Gottes Atem, ihm wesensgleich. Zuvor spricht Gott: „Allen Tieren des Feldes, allen Vögeln des Himmels und allem, was sich auf der Erde regt, was Lebensatem in sich hat, gebe ich alle grünen Pflanzen zur Nahrung." *(Gen 1, 30)* Das erinnert wiederum an das aristotelische Dreigestirn der Seele als Naturseele, Sinnenseele und Vernunftseele. Im Buch der Weisheit wird gesagt, dass Gott dem Menschen „eine wirkende Seele eingehaucht und Lebensatem eingeblasen hat." *(Weish 15, 11)* Dieser Traditionsstrang führt unweigerlich zu der Überlegung, ob Geist und Seele letztlich wesensgleich sein könnten. Jesus sagte in der Synagoge von Nazaret: „Der Geist des Herrn ruht auf mir; denn der Herr hat mich gesalbt." *(Lk 4, 18)* Damit ist der Bezug zur Messiaserwartung beim Propheten Jesaja hergestellt: „Der Geist des

Herrn lässt sich nieder auf ihm: der Geist der Weisheit und der Einsicht, der Geist des Rates und der Stärke, der Geist der Erkenntnis und der Gottesfurcht." *(Jes 11, 2)* Den inneren Zusammenhang von Geist und Seele kennt wiederum das Buch der Weisheit, wo es heißt: „In eine Seele, die auf Böses sinnt, kehrt die Weisheit nicht ein, noch wohnt sie in einem Leib, der sich der Sünde hingibt. Denn der heilige Geist, der Lehrmeister, flieht vor der Falschheit, er entfernt sich von unverständigen Gedanken und wird verscheucht, wenn Unrecht naht. Die Weisheit ist ein menschenfreundlicher Geist, doch lässt sie die Reden des Lästerers nicht straflos; denn Gott ist Zeuge seiner heimlichen Gedanken, untrüglich durchschaut er sein Herz und hört seine Worte. Der Geist des Herrn erfüllt den Erdkreis und er, der alles zusammenhält, kennt jeden Laut." *(Weish 1, 4-7)* Schließlich sagt der Apostel Paulus: „Denn ihr habt nicht einen Geist empfangen, der euch zu Sklaven macht, so dass ihr euch immer noch fürchten müsstet, sondern ihr habt den Geist empfangen, der euch zu Söhnen macht, den Geist, in dem wir rufen: Abba, Vater!" *(Röm 8, 15)* Ziehen wir noch Thomas von Aquin heran, der in seiner „Summe der Theologie" gesagt hat: „Der Sohn Gottes ist Fleisch geworden durch Vermittlung der Seele" *(lat. Filius Dei univit sibi carnem mediante anima)*, so wird klar: Die Seele Christi ist der Mediator des Heiligen Geistes, der Vermittler im göttlichen Kommunikationsprozess, der Botenstoff zur Übertragung des göttlichen Wortes oder das Sprachrohr Gottes. Demzufolge ist auch die Seele des Menschen wie auch die Beseeltheit der ganzen Schöpfung Mediator des Heiligen Geistes. So sagt es auch das nizäno-konstantinopolitanische Glaubensbekenntnis: „Wir glauben an den Heiligen Geist, der Herr ist und lebendig macht, der aus dem Vater und dem Sohn hervorgeht, der mit dem Vater und dem Sohn angebetet und verherrlicht wird, der gesprochen hat durch die Propheten." *(lat. Et in Spiritum Sanctum, Dominum et vivificantem, qui ex Patre Filioque procedit. Qui cum Patre et Filio simul adoratur et conglorificatur: qui locutus est per prophetas)*

So wird klar: Die Seele ist nicht nur in Jesus Christus, dem Sohn Gottes, ein Teil von Gott, sondern auch in jedem Menschen und in der ganzen Schöpfung. Wiederum bewahrheitet sich hier Hegels Ansatz, dass Gott in seiner Schöpfung zu sich selbst kommt und sich selbst erkennt. In seiner Schöpfung kehrt Gott in höherer, geistiger Weise ganz und gar zu sich selbst zurück. Das ist im scholastischen Sinne die „vollständige Rückkehr des Subjekts zu sich selbst." *(lat. reditio completa subiecti in seipsum)* Wir Menschen sind sozusagen der Sternenstaub Gottes, den Gott wie der wahre Morgenstern an sich zieht. „Ich, Jesus, habe meinen Engel gesandt als Zeugen für das, was die Gemeinden betrifft. Ich bin die Wurzel und der Stamm Davids, der strahlende Morgenstern." *(Offb 22, 16)* Jesus Christus als der einzigartige Sohn Gottes ist der Garant dafür, dass Gottes Schöpfung nichts von ihm Verschiedenes ist, sondern ihm wesensverwandt. Von dieser wahrhaft prophetischen Offenbarung der Existenz Gottes in der Beseeltheit seiner Schöpfung sagt der Apostel Petrus: „Dadurch ist das Wort der Propheten für uns noch sicherer geworden und ihr tut gut daran, es zu beachten; denn es ist ein Licht, das an einem finsteren Ort scheint, bis der Tag anbricht und der Morgenstern aufgeht in eurem Herzen." *(2 Petr 1, 19)* Die Erkenntnis Gottes in der Beseeltheit der Schöpfung ist nun aber das, was man in der klassischen Theologie als Gnade bezeichnet. Es ist die Freude darüber, dass „sich aber dieses Vergängliche mit Unvergänglichkeit bekleidet und dieses Sterbliche mit Unsterblichkeit." *(1 Kor 15, 54)*

42. Alles ist voll vom Göttlichen

Gott ist Geist und Wahrheit, in allem gegenwärtig, was da ist. Diese Realitätsdichte nimmt das menschliche Bewusstsein in sich auf, indem es sich und alles Geschaffene um sich herum als „eines Gottes voll" erschaut. Der Vorsokratiker Thales von Milet sagte dazu: „Alles ist voll vom Göttlichen." *(griech. Panta plere theon)* Die Antwort des Menschen, der diese Allgegenwart Gottes in allem Geschaffenen verstanden hat, kann nur Lobpreis und Anbetung sein.

Der römische Philosoph Seneca sagt: „Gott verehrt, wer ihn kennengelernt hat." *(lat. Deum colit, qui novit)* Mystik bedeutet demnach, in die höhere Wirklichkeitsdichte der göttlichen Lichtgestalt einzutauchen. Es bedeutet, die göttliche, formgebende Substanz zu realisieren, die allem Sein innewohnt. So leben wir ganz nahe am Pulsschlag des lebendigen Gottes. Gott ist das „universale concretum", die immanente Gegenwart der Transzendenz.

43. Die Differenz zwischen Gott und der Natur

Der Vorwurf, dass es sich bei dieser Geisteshaltung um Animismus handeln könnte, also um eine Allbeseeltheit der Natur im Sinne primitiver Naturreligionen, oder gar um Pantheismus, also um die Identität von Gott, Kosmos und Natur, lässt sich leicht widerlegen, und zwar mit meinem persönlichen, durchaus kritischen und realistischen Selbstbewusstsein. Ich sehe nämlich von Anfang bis Ende eine glasklare Differenz zwischen mir und der mich umgebenden Natur, zwischen mir und Gott, zwischen mir und Jesus Christus. Das ist nicht alles eins. Gerade diese Differenz, ja elementare Gegensätzlichkeit zwischen Schöpfer und Geschöpf, zwischen subjektiver und objektiver Realität, zwischen Einheit und Vielfalt macht doch das Wesen der Schöpfung aus. Sonst müssten wir ja nicht länger darüber nachdenken. Der Daoismus nennt diese elementaren Gegensätze „Yin" und „Yang." Ich halte dieses Gegensatzdenken, dem übrigens Romano Guardini ein eigenes Buch mit dem Titel „Der Gegensatz – Versuche zu einer Philosophie des Lebendig-Konkreten" gewidmet hat, für extrem inspirierend. Nur die Differenz kann die Sehnsucht nach Identität provozieren. Wiederum hat Hegel recht, wenn er davon ausgeht, dass Gott das von ihm Unterschiedene setzen muss, um so ganz und gar zu sich selbst zurückzukehren. Man mag dies sonderbar und rätselhaft finden, aber es ist meiner Meinung nach die stimmigste Beschreibung der Realität.

44. Gotteserkenntnis ist möglich

„Niemand hat Gott je gesehen. Der Einzige, der Gott ist und am Herzen des Vaters ruht, er hat Kunde gebracht." *(Joh 1, 18)* Das ist so noch unvollständig. Einerseits hatte Jesus Christus ein einmaliges Bewusstsein von Gott als seinem Vater. Andererseits sind wir aber alle „Kinder Gottes" *(Joh 1, 12; Röm 8, 16)* und „Tempel des Heiligen Geistes" *(1 Kor 6, 19)*. Deshalb entfaltet sich das Bewusstsein Gottes in allen seinen Gliedern, wie sich auch der Weinstock in seinen Rebzweigen entfaltet. *(vgl. Joh 15, 5)* Im Heiligen Geist sind wir alle eins mit Gott. Wir fühlen mit ihm und er mit uns. Das Unbekannte, Geheimnisvolle, Unsichtbare und Unaussprechliche an Gottes Wesen ist nur etwas Vorläufiges, das sich nach und nach lichtet wie ein Schleier, der weggenommen wird. „Jetzt schauen wir in einen Spiegel und sehen nur rätselhafte Umrisse, dann aber schauen wir von Angesicht zu Angesicht. Jetzt erkenne ich unvollkommen, dann aber werde ich durch und durch erkennen, so wie ich auch durch und durch erkannt worden bin." *(1 Kor 13, 12)*

Thomas von Aquin sagt zwar: „Das Wesen der Dinge ist uns unbekannt." *(lat. rerum essentiae sunt nobis ignotae)*. Er sagt aber auch: „Die Wahrheit der Dinge ist zwischen zwei Erkenntnisvermögen hineingestellt, zwischen den göttlichen und den menschlichen Intellekt." *(lat. res naturalis inter duos intellectus constituta... intellectum divinum... et intellectum humanum)*." Was für eine grandiose Forschungsperspektive! Indem ich mir selbst und der mich umgebenden Wirklichkeit bewusst werde, wird – wenn auch nur zu einem mikroskopisch kleinen Teil – Gott sich seiner selbst bewusst, wie eben ein Weinstock sich in seinen Rebzweigen entfaltet. Mehr noch: Ich beginne, die Welt mit den Augen Gottes zu sehen, seine Vernunft und seinen Willen von Ewigkeit her nachzuvollziehen, seine Gedanken nachzudenken, mit ihm zusammenzuwirken. Ich lasse zu, dass Gott durch mich mitten in seiner Schöpfung Raum gewinnt. Ich fühle mit und leide mit. Ich beginne zu ahnen, wie atemberaubend feinsinnig und differenziert jener Geist und jene Weisheit sind, mit der Gott alles am Leben erhält.

45. Das Forschungsprojekt Gott

„Denn Gott der Herr ist Sonne und Schild. Er schenkt Gnade und Herrlichkeit." *(Ps 84, 12)* Für alle, die Gottes Wesen für unerkennbar halten, sind Sätze wie dieser ein treffender Widerspruch. Der Psalmist beschreibt, was er von Gott erkennt, und das stimmt mit vielem überein, was auch andere Menschen im Laufe der Geistesgeschichte bezeugt haben. Gott lässt sich wahrnehmen. Er ist erkennbar. Es genügt, die eigene Gotteserkenntnis so gut wie möglich und so ehrlich wie möglich zur Sprache zu bringen, und man wird feststellen: Viele Menschen ganz unterschiedlicher Herkunft und aus den verschiedensten zeitgeschichtlichen Zusammenhängen sehen Ähnliches oder Vergleichbares, wenn sie über ihre Gotteserkenntnis sprechen. Dieser Fährte gilt es zu folgen, damit das Forschungsprojekt Gott Fahrt aufnehmen kann. Sonne ist Gott für mich, weil jede geistige Öffnung zu ihm hin mein Bewusstsein hell macht. Schild ist Gott, weil seine Gegenwart etwas Beschützendes und Bergendes hat. Gnade ist Gott, weil ich seine Nähe als von Wohlwollen und Unterstützung für mich geprägt erlebe. Herrlichkeit ist Gott, weil er in mir die Kräfte des Heiligen, Erhabenen, Überwältigenden und Begeisternden zu wecken vermag.

„Denn einst wart ihr Finsternis, jetzt aber seid ihr durch den Herrn Licht geworden. Lebt als Kinder des Lichts! Das Licht bringt lauter Güte, Gerechtigkeit und Wahrheit hervor." *(Eph 5, 8-9; vgl. Lk 16, 8)* Diese Aussage gewinnt in Verbindung mit dem Satz „Gott ist Licht" *(1 Joh 1, 5)* eine einzigartige Bedeutung. Damit wird die Rede von Gott als unserem Vater und unsere Würde als „Kinder Gottes" *(vgl. Joh 1, 12; Röm 8, 16; Phil 2, 15; 1 Joh 3, 1)* in einem neuen Zusammenhang lesbar. Es geht darum, dass Spurenelemente des göttlichen Wesens in uns Menschen wiedergefunden werden können. Dadurch wird die viel zitierte Gotteskindschaft nahezu materiell greifbar. Und diese Spuren nennen wir Seele. Aus Spuren sollen jedoch im Laufe eines Lebens reife Früchte werden, ein Schatz im Acker des Leibes, eine kostbare Perle für Gott. *(vgl. Mt 13, 44-46)*

46. Licht bedeutet Erkenntnis

Gott ist Licht. Diese Aussage hat auch etwas mit geistiger Erkenntnis zu tun. Licht besagt im biblischen Sinn nicht nur, dass Gott immer und überall da, also allgegenwärtig ist, sondern dass seine Gegenwart auch im Menschen wie in der ganzen Schöpfung ihre kreative Wirkung entfaltet. Im Licht Gottes kann ich besser sehen und klarer erkennen. Dieses Licht hilft mir, den richtigen Weg zu gehen, die richtigen Entscheidungen zu treffen, Mut und Willen zum Sein zu entwickeln. „Dein Wort ist meinem Fuß eine Leuchte, ein Licht für meine Pfade." *(Ps 119, 105)* „Ich denke an dich auf nächtlichem Lager und sinne über dich nach, wenn ich wache. Ja, du wurdest meine Hilfe; jubeln kann ich im Schatten deiner Flügel. Meine Seele hängt an dir, deine rechte Hand hält mich fest." *(Ps 63, 7-9)* Dieses Psalmwort beinhaltet, dass das Forschungsprojekt Gott ein existentieller Ausdruck der Gotteskindschaft, der Gottverbundenheit und des Gottvertrauens ist. Weil ich in meiner Seele am göttlichen Bewusstsein Anteil habe, deshalb kann ich, sofern auch nur ein einziger Atemzug in mir ist, nicht anders, als in Gott zu denken, zu wirken und zu existieren. „Denn in ihm leben wir, bewegen wir uns und sind wir, wie auch einige von euren Dichtern gesagt haben: Wir sind von seiner Art." *(Apg 17, 28)* So kommt an erster Stelle immer die Tatsache der Gottesebenbildlichkeit, aus der heraus dann zwingend die Sehnsucht nach Gott, das Streben zu Gott und das Nachdenken über Gott gehören, wie eben auch ein Herz dazu geschaffen ist, zu schlagen, um Teil des lebendigen Organismus Mensch zu sein. Erst an zweiter Stelle kommt das Zeugnis der Heiligen Schrift, das als Folge, Niederschlag oder Ergebnis dieser existentiellen Gottesverbundenheit aufzufassen ist. Zuerst kommt das Faktum der Offenbarung Gottes, wie er sich dem Menschen persönlich gegenwärtig zeigt, und dann kommt zweitens das Glaubenszeugnis in Wort und Tat, niedergelegt in Schrift und Tradition. Nicht nur „Verwalter von Geheimnissen Gottes" *(1 Kor 4, 1)* sind wir, sondern Propheten, die mit Gott reden, auf Gottes Stimme hören und in Gottes Gegenwart leben. Uns allen gilt der sehnliche Wunsch: „Wenn nur das ganze Volk des Herrn zu Propheten würde, wenn nur der Herr seinen Geist auf sie alle legte!" *(Num 11, 29)* Letztlich gleicht das Forschungsprojekt Gott im Sinne einer geistig-geistlichen Selbstvergewisserung einer Art Selbstversuch, der die Seele bewusst auf Gott hin ausrichtet, um sie im Licht seiner Gnade wachsen zu lassen.

47. Die Gotteskindschaft

„Gott ist alles, der Mensch ist nichts." nach diesem Prinzip scheint seit Adam und Eva, seit Sündenfall, Erbsünde und Teufelswahn das theologische Weltbild aufgebaut zu sein. Seit der Offenbarung Jesu Christi, die man in gleicher Weise als Erleuchtung und Erkenntnis bezeichnen kann, wissen wir um die Würde von uns Menschen als Kindern Gottes, mit Gott wesensverwandt. Jesus selbst lässt keinen Zweifel daran, dass er der Sohn Gottes ist, und er wird im christlichen Glauben auch von Anfang an so wahrgenommen. Eigentlich ruht die gesamte christliche Botschaft auf der Erkenntnis des Sohnes Gottes: „Wir wissen aber: Der Sohn Gottes ist gekommen und er hat uns Einsicht geschenkt, damit wir Gott den Wahren erkennen. Und wir sind in diesem Wahren, in seinem Sohn Jesus Christus. Er ist der wahre Gott und das ewige Leben." *(1 Joh 5, 20)* „Und das Wort ist Fleisch geworden und hat unter uns gewohnt und wir haben seine Herrlichkeit gesehen, die Herrlichkeit des einzigen Sohnes vom Vater, voll Gnade und Wahrheit... Allen aber, die ihn aufnahmen, gab er Macht, Kinder Gottes zu werden, allen, die an seinen Namen glauben, die nicht aus dem Blut, nicht aus dem Willen des Fleisches, nicht aus dem Willen des Mannes, sondern aus Gott geboren sind." *(Joh 1, 14. 12-13)* Das Buch Joel spricht schon sehr früh von der Geistbegabung der Schöpfung: „Dann werdet ihr erkennen, dass ich mitten in Israel bin und dass ich der Herr, euer Gott, bin, ich und sonst niemand. Mein Volk braucht sich nie mehr zu schämen. Danach aber wird es geschehen, dass ich meinen Geist ausgieße über alles Fleisch. Eure Söhne und Töchter werden Propheten sein, eure Alten werden Träume haben und eure jungen Männer haben Visionen." *(Joel 2, 27 - 3, 1)* Noch deutlicher kommt die Gotteskindschaft in der paulinischen Tradition heraus: „Wir sind doch der Tempel des lebendigen Gottes; denn Gott hat gesprochen: Ich will unter ihnen wohnen und mit ihnen gehen. Ich werde ihr Gott sein und sie werden mein Volk sein... Dann will ich euch aufnehmen und euer Vater sein und ihr sollt meine Söhne und Töchter sein, spricht der Herr, der Herrscher über die ganze Schöpfung." *(2 Kor 6, 16-18)* Die „Freiheit und Herrlichkeit der Kinder Gottes" *(Röm 8, 21)* gründet sich auf die Erleuchtung durch Gott. Für den Hebräerbrief sind die Gläubigen „Menschen, die einmal erleuchtet worden sind, die von der himmlischen Gabe genossen und Anteil am Heiligen Geist empfangen haben, die das gute Wort Gottes und die Kräfte der zukünftigen Welt kennen gelernt haben." *(Hebr 6, 4)*

Manchmal frage ich mich: Was haben die Schriftgelehrten aller Zeiten davon, wenn sie die menschliche Natur von Anfang bis Ende verteufeln? Sind sie blind für die Erkenntnis des Sohnes Gottes und der Gottebenbildlichkeit des Menschen? Wie überaus klar und eindeutig sagt doch der Apostel Paulus: „So sollen wir alle zur Einheit im Glauben und in der Erkenntnis des Sohnes Gottes gelangen, damit wir zum vollkommenen Menschen werden und Christus in seiner vollendeten Gestalt darstellen. Wir sollen nicht mehr unmündige Kinder sein, ein Spiel der Wellen, hin und her getrieben von jedem Widerstreit der Meinungen, dem Betrug der Menschen ausgeliefert, der Verschlagenheit, die in die Irre führt. Wir wollen uns, von der Liebe geleitet, an die Wahrheit halten und in allem wachsen, bis wir ihn erreicht haben. Er, Christus, ist das Haupt. Durch ihn wird der ganze Leib zusammengefügt und gefestigt in jedem einzelnen Gelenk. Jedes trägt mit der Kraft, die ihm zugemessen ist. So wächst der Leib und wird in Liebe aufgebaut." *(Eph 4, 13-16)*

48. Göttliche Vernunft und göttliche Weisheit

„Gott hat den Menschen zur Unvergänglichkeit erschaffen und ihn zum Bild seines eigenen Wesens gemacht." *(Weish 2, 23)* Ausdruck der Ebenbildlichkeit des göttlichen Wesens in seiner Schöpfung, insbesondere im Menschen, ist und bleibt die Seele. Sie ist im biblischen Sinn zunächst mit Lebensatem, ja mit Leben schlechthin gleichzusetzen. Der Sache nach ist die Seele aber ein viel weiteres Feld, in das Begriffe wie die ewige göttliche Vernunft *(griech. logos)* als Herzmitte des göttlichen Wesens sowie der göttlichen Weisheit *(griech. sophia)* hereinspielen. Vom göttlichen Wort sagt das Johannesevangelium: „Im Anfang war das Wort, und das Wort war bei Gott, und das Wort war Gott. Im Anfang war es bei Gott. Alles ist durch das Wort geworden und ohne das Wort wurde nichts, was geworden ist. In ihm war das Leben und das Leben war das Licht der Menschen. Und das Licht leuchtet in der Finsternis und die Finsternis hat es nicht erfasst." *(Joh 1, 1-5)* Paulus sagt dazu: „O Tiefe des Reichtums, der Weisheit und der Erkenntnis Gottes!" *(Röm 11, 33)* „Denn die Weisheit ist beweglicher als alle Bewegung; in ihrer Reinheit durchdringt und erfüllt sie alles. Sie ist ein Hauch der Kraft Gottes und reiner Ausfluss der Herrlichkeit des Allherrschers; darum fällt kein Schatten auf sie. Sie ist der Widerschein des ewigen Lichts, der ungetrübte Spiegel von Gottes Kraft, das Bild seiner Vollkommenheit. Sie ist nur eine und vermag doch alles; ohne sich zu ändern, erneuert sie alles. Von Geschlecht zu Geschlecht tritt sie in heilige Seelen ein und schafft Freunde Gottes und Propheten; denn Gott liebt nur den, der mit der Weisheit zusammenwohnt. Sie ist schöner als die Sonne und übertrifft jedes Sternbild. Sie ist strahlender als das Licht." *(Weish 7, 24-29)* Es ist wunderbar, sich von der Weisheit Gottes tragen zu lassen und an ihr das eigene Bewusstsein zu klären. So weiß ich mich als Bestandteil einer wohl durchdachten höheren Ordnung, die in der Natur und erst recht im Reich des Geistes waltet und aus der ich niemals herausfallen kann. Diese Einsicht versöhnt mich mit allem, was an Zerstörerischem, Chaotischem und Leidvollem meine Existenz bedrohen mag.

49. Das Netzwerk des Heiligen Geistes

Jesus Christus antwortete auf die Frage nach dem wichtigsten aller Gebote: „Höre, Israel, der Herr, unser Gott, ist der einzige Herr. Darum sollst du den Herrn, deinen Gott, lieben mit ganzem Herzen und ganzer Seele, mit all deinen Gedanken und all deiner Kraft. Als zweites kommt hinzu: Du sollst deinen Nächsten lieben wie dich selbst. Kein anderes Gebot ist größer als diese beiden." *(Mk 12, 30-31)* Die Seele kann nicht anders als Gott zu lieben, weil sie auf geistige Weise ein Bestandteil Gottes ist. Lässt sich aus dieser Erkenntnis jedoch auch eine christliche Ethik entwickeln? Wird das Zusammenleben der Menschen besser und das Böse geringer, wenn Gott in seiner Schöpfung zu sich selbst gekommen ist und je neu zu sich selbst kommt? Zunächst lässt sich ohne weiteres gut begründen, dass die Gottebenbildlichkeit des Menschen ihm eine einmalige Würde und einen einmaligen Wert verleiht. Der Mensch ist kein Produkt des Zufalls oder eine Laune der Natur, sondern in Materie eingebundene geistige Energie, die danach strebt, zu jenem Gott heimzukehren und in dem Gott aufgehoben zu sein, von dem sie ursprünglich ausgegangen ist. Insofern hat nicht nur jeder Mensch, sondern alles Sein ein spezifisch geistiges Potential, das es wertvoll und letztlich unvergänglich macht. Soll diese Einsicht jedoch nicht nur auf den Wert des einzelnen Menschen zutreffen, sondern auch für das Zusammenleben der Menschheit insgesamt, für Gerechtigkeit, Frieden, Bewahrung der Schöpfung, Fortschritt und Zukunftsfähigkeit von Bedeutung sein, so kann die innere Glaubensüberzeugung vom göttlichen Licht nur dadurch fruchtbar werden, dass sie die allgemeine kommunikationsfähige Intelligenz stärkt, das Netzwerk des Geistigen aufbaut und so eine Art dialogischer, lebensfreundlicher Aura produziert, die den Erdball wie eine leuchtende, wärmende und schützende Hülle überzieht. In diesem Zusammenhang bedeutet Ethik kommunizierendes Handeln, gelebte Solidarität und Subsidiarität, Altruismus und Empathie, Verantwortung füreinander in Wort und Antwort. Gutes und richtiges Handeln beinhaltet so Nächstenliebe, Hilfsbereitschaft,

Barmherzigkeit und letztlich auch Kooperationsbereitschaft im Dienste der großen Aufbauarbeit dessen, was Jesus Christus das Reich Gottes nannte. In diesem Reich ist Christus das Haupt und wir sind seine Glieder, jeder von uns mit seiner ganz spezifischen Berufung, seinen ganz eigenen Talenten, seinem Charisma: „Derselbe, der herabstieg, ist auch hinaufgestiegen bis zum höchsten Himmel, um das All zu beherrschen. Und er gab den einen das Apostelamt, andere setzte er als Propheten ein, andere als Evangelisten, andere als Hirten und Lehrer, um die Heiligen für die Erfüllung ihres Dienstes zu rüsten, für den Aufbau des Leibes Christi. So sollen wir alle zur Einheit im Glauben und in der Erkenntnis des Sohnes Gottes gelangen, damit wir zum vollkommenen Menschen werden und Christus in seiner vollendeten Gestalt darstellen." *(Eph 4, 10-13)*

Es ist in seiner Klarheit und Folgerichtigkeit ein berückend schöner Gedanke, dass die Menschheit der Leib Christi ist und dass Gott im Leib Christi bis zur Vollgestalt seiner Herrlichkeit heranwächst. Wir Menschen sollten gar nicht anders können, als uns aus ganzem Herzen zu lieben und füreinander zu sorgen, weil wir alle Glieder an demselben Leib sind. Das begründet nun letztlich das harmonische Zusammenspiel der Menschheitsfamilie wie auch das sorgsame Zusammenleben der ganzen Schöpfung. Die Schöpfung ist ein Kosmos, eine Harmonie, eine ewige Ordnung, freilich aber vom Chaos bedroht und bedrängt. Vielleicht musste der Mensch genau aus diesem Grund als vernunftbegabtes Lebewesen, als kommunikationsfähige Intelligenz, als denkende und verstehende Materie ins Dasein kommen, um die unendlichen Abwege und Katastrophen, die das Chaos jederzeit herbeiführen könnte, Schritt für Schritt zu korrigieren, gleichsam wie ein intelligentes Immunsystem, das den gesamten Organismus vor der Zerstörung bewahrt. So hat die menschliche Intelligenz nicht nur ihre Daseinsberechtigung, sondern auch ihren tieferen Sinn, ja ihre Berufung von Gott her.

Auf diesem Gedankenweg lassen sich auch Gut und Böse, Wahr und Falsch einer Revision *(engl. relecture)* unterziehen, neu lesen und neu definieren. Gut ist, was dem Leben dient und was demjenigen dient, von dem das Buch der Weisheit sagt: „Herr, du Freund des Lebens. In allem ist dein unvergänglicher Geist." *(Weish 11, 26-12,1)* Böse ist alles Nekrophile, Zerstörerische, Vernichtende. Wahr ist, was in Gottes Weisheit vollzogen wird, seinem ewigen Ratschluss folgend, alles, was die Wirklichkeit Gottes aufbauen und vervollständigen hilft. Falsch ist, was Gott zerstören möchte. Letztlich ist das Leben in Gott der Ursprung, die Mitte und das Ziel des Menschen und der Welt. Deshalb ist Ethik im Licht Gottes ein Zusammenspiel von Materie und Geist, von Aktion und Kontemplation, von Sein und Haben, von Denken, Reden und Handeln. Der letzte Endzweck der Schöpfung ist in jedem einzelnen Schöpfungsakt wie Genmaterial oder Erbgut vorhanden und nachvollziehbar: Leben ist Lobpreis der Herrlichkeit Gottes in sich selbst. In jedem noch so kleinen Teil seiner Schöpfung kommt Gott zu sich und lobt sich selbst. Er lebt im vollkommenen Genuss seiner Gottheit. Gott ist ganz und gar bei sich selbst und lebt im ewigen, glückseligen inneren Dialog seiner Weisheit, wie das Buch Jesus Sirach schreibt: „Die Weisheit lobt sich selbst, sie rühmt sich bei ihrem Volk. Sie öffnet ihren Mund in der Versammlung Gottes und rühmt sich vor seinen Scharen: Ich ging aus dem Mund des Höchsten hervor und wie Nebel umhüllte ich die Erde. Ich wohnte in den Höhen, auf einer Wolkensäule stand mein Thron. Den Kreis des Himmels umschritt ich allein, in der Tiefe des Abgrunds ging ich umher. Über die Fluten des Meeres und über alles Land, über alle Völker und Nationen hatte ich Macht. Bei ihnen allen suchte ich einen Ort der Ruhe, ein Volk, in dessen Land ich wohnen könnte. Da gab der Schöpfer des Alls mir Befehl; er, der mich schuf, wusste für mein Zelt eine Ruhestätte. Er sprach: In Jakob sollst du wohnen, in Israel sollst du deinen Erbbesitz haben. Vor der Zeit, am Anfang, hat er mich erschaffen und bis in Ewigkeit vergehe ich nicht." *(Sir 24, 1-9)* An dieser Existenzweise Gottes kann der Mensch, obgleich seine Seele zur Vereinigung mit Gott noch unterwegs und noch nicht vollständig entwickelt ist, bereits in diesem Leben Anteil erhalten. Deshalb sagt der Psalmist mit unendlicher Sehnsucht in der Stimme: „Nur eines erbitte ich vom Herrn, danach verlangt mich: Im Haus des Herrn zu wohnen alle Tage meines Lebens, die Freundlichkeit des Herrn zu schauen und nachzusinnen in seinem Tempel." *(Ps 27, 4)* Diese Daseinsweise Gottes, auf die alles Geschaffene zu seiner Vollendung hinstrebt, bezeichnet der spätantike Philosoph Boethius als Ewigkeit: „Ewigkeit ist der unbegrenzte, ganze, gleichzeitige und vollkommene Besitz des Lebens." *(lat. aeternitas est interminabilis vitae tota simul et perfecta possessio)*

50. Das intelligente Immunsystem der Schöpfung

Gott ist Licht. Diese Glaubensüberzeugung hilft gegen drei gravierende Zivilisationskrankheiten. Gegen die *Selbstentfremdung* hilft die Überzeugung, dass ich mit meinem erstarkten Selbstbewusstsein nicht zu Gott in Konkurrenz trete, sondern ein integraler Bestandteil des göttlichen Selbstbewusstseins bin, da Gott in jedem lebendigen Teil seiner Schöpfung zu sich selbst kommt. Im Gegenüber zu Gott bedeutet das für mich Selbstverwirklichung durch Anbetung im Geist und in der Wahrheit. „Gott ist Geist, und alle, die ihn anbeten, müssen im Geist und in der Wahrheit anbeten." *(Joh 4, 24)* Gegen die *Vereinsamung* des modernen Menschen hilft die Überzeugung, dass ich ein Teil des göttlichen Netzwerkes bin, das sich wie ein gigantischer virtueller Organismus aus allen seinen Gliedern und Organen aufbaut. Gegen die *Sinnlosigkeit* des modernen Lebens hilft die Einsicht, dass ich als „Tempel des Heiligen Geistes" *(1 Kor 6, 19; vgl. 1 Kor 3, 16-17)* am intelligenten Immunsystem der Schöpfung teilhabe, durch das Gott sein Reich und seine Schöpfung beständig aufbaut und so dem unvergänglichen Leben gegen die Finsternis des Bösen und des Todes zum Durchbruch verhilft. „Ihr seid mit Christus auferweckt; darum strebt nach dem, was im Himmel ist, wo Christus zur Rechten Gottes sitzt. Richtet euren Sinn auf das Himmlische und nicht auf das Irdische! Denn ihr seid gestorben und euer Leben ist mit Christus verborgen in Gott. Wenn Christus, unser Leben, offenbar wird, dann werdet auch ihr mit ihm offenbar werden in Herrlichkeit." *(Kol 3, 1-4)* Die Teilhabe der Seele am inneren Leben Gottes bewirkt, dass die Seele „jubelt in unsagbarer, von himmlischer Herrlichkeit verklärter Freude." *(1 Petr 1, 8)*

51. Sprachlosigkeit der Schöpfung?

Der größte Widerspruch zum Glauben an das göttliche Licht besteht in der Frage: Was ist mit denen, die dieses Licht nicht wahrnehmen können – den Kindern, den Zweifelnden, den Verzweifelten, den Kranken, denen, die so etwas wie Bewusstsein überhaupt nicht kennen? Ist der in mystischer Schau erfahrbare Gott für sie sinnlos? Was ist mit dem viel zitierten Reich der Finsternis, mit dem Bösen, mit dem Chaos, mit Naturkatastrophen und Kriegen, mit Konzentrationslagern und Krebsstationen? Ist es da nicht blanker Hohn, zu behaupten: Gott ist Licht? Wo war Gottes Licht in der Hölle von Auschwitz? Hat es überhaupt einen Sinn, die hauptsächlich durch die Worte der menschlichen Sprache überlieferten Erkenntnisse der Heiligen Schrift als Ort der Offenbarung Gottes anzunehmen, wo die überwältigende Mehrheit der Schöpfung, einschließlich der Tiere und Pflanzen, des unendlichen Weltraums und der Gestirne mit kunstvoll geäußerten Wortgebilden überhaupt nichts anzufangen weiß, ja diesen Wortgebilden teilnahmslos und wesensfremd gegenübersteht? Welchen Sinn hat das Wort Gottes innerhalb der weitgehenden Sprachlosigkeit der gesamten Schöpfung und insbesondere innerhalb des bei weitem größten Teils der Weltgeschichte, der eine Sprache im modernen Sinn überhaupt nicht kannte? Was bedeutet das Licht Gottes für die untergegangene Existenz der Dinosaurier oder der Neandertaler? Ist es nicht hochmütig, größenwahnsinnig und vermessen, dass wir ihnen keinerlei Gottesbewusstsein und keinerlei Gotteserkenntnis im intellektuellen Sinn zugestehen möchten? Ist es Gott möglich, allem, was je existiert hat, „zu leuchten mit dem Licht des Lebens?"

(Hiob 33, 30) Machen die großen Offenbarungsreligionen, die ja hauptsächlich auf Wortoffenbarungen aufgebaut sind, vielleicht den Fehler, das Wort als solches überzubewerten und die existentielle Schau Gottes, die Begegnung mit Gott und die Gottesmystik sträflich zu vernachlässigen? Sagte nicht der Theologe Karl Rahner, dass „der Christ der Zukunft ein Mystiker sei oder nicht mehr sei?"

Natürlich lassen sich an dieser Stelle wiederum Bibelstellen finden und kluge Worthülsen produzieren. Aber das Problem als solches, der innere Widerspruch, ja das Paradox der Rechtfertigung Gottes angesichts der geschichtlichen wie aktuellen Realitäten lässt sich nicht aus der Welt schaffen. Zu gravierend sind die Gegensätze, zu gewichtig die auf weite Strecken erkennbare Gottlosigkeit der Schöpfung. Ist es da nicht realistischer, im Sinne von Charles Darwins Evolutionstheorie mit dem blinden und gnadenlosen Zufall zu rechnen, dem Kampf ums Dasein *(engl. struggle for life)* und dem Überleben des Stärkeren? *(engl. survival of the fittest)* Ist es nicht so, dass die naturgeschichtliche Entwicklung auf weite Strecken hin ohne Sinn und Zweck, wertfrei und absichtslos verlaufen ist? Projizieren wir nicht nur einen sehr engen, menschlich gedachten Sinn in Dinge hinein, die diesem Sinn gegenüber völlig absichtslos und wertneutral sind?

Alles steht und fällt mit der Stärke des Realitätssinns, den das erkennende Subjekt als vernunftbegabtes Lebewesen aufzubringen vermag. Eine Letztaussage liegt in der Einsicht: Gott erwacht in den Seelen. Warum er vor und nach diesem Erwachen geschlafen hat oder unbewusst geblieben ist, erscheint völlig rätselhaft und unverständlich. Aber vielleicht kann man der Blüte keinen Vorwurf machen, wenn sie von der Zukunft des Apfels keine Ahnung hat. Vielleicht kann man dem Herzen keinen Vorwurf machen, wenn es vom Rest des menschlichen Organismus keine Ahnung hat. Das ist schwer zu begreifen und noch schwerer zu ertragen. Fürs Erste müssen wir aus intellektueller Redlichkeit heraus diesen elementaren Widerspruch nicht nur zulassen, sondern ihn offenlassen, ihn aushalten und ertragen, ihn als Ansporn für ein tieferes Forschen, Suchen und Fragen begreifen. Es ist wie der wunde Punkt oder der

Bauchnabel, der jedem Denken, das sich bisher für gänzlich unabhängig und untrüglich gehalten hat, entgegensteht. Für den Augenblick bekennen wir: „Gott ist größer als unser Herz... Daran werden wir erkennen, dass wir aus der Wahrheit sind, und werden unser Herz in seiner Gegenwart beruhigen." *(1 Joh 3, 20. 19)* Gott ist auch größer als unsere Seele. Und dennoch bietet die Seele eine Möglichkeit, geradezu naturwissenschaftlich von Gott zu reden, über ihn nachzudenken und sein Wesen zu erforschen. „Denn in ihm leben wir, bewegen wir uns und sind wir." *(Apg 17, 28)* Das menschliche Bewusstsein kann Gott zur Sprache bringen und mit ihm kommunizieren. Diese geistige Tätigkeit ist real, auch wenn sie nicht seziert und unter dem Mikroskop betrachtet werden kann. Aber auch Radiowellen sind unsichtbar und dennoch sehr real zwischen Sender und Empfänger einzubetten. Ähnliches gilt für die Seele, den Empfänger Gottes, der von Gottes Art ist.

52. Ein Teil von Gottes Bewusstsein

„Das Licht kam in die Welt, und die Menschen liebten die Finsternis mehr als das Licht; denn ihre Taten waren böse. Jeder, der Böses tut, hasst das Licht und kommt nicht zum Licht, damit seine Taten nicht aufgedeckt werden. Wer aber die Wahrheit tut, kommt zum Licht, damit offenbar wird, dass seine Taten in Gott vollbracht sind." *(Joh 3, 19-21)* In diesem Schriftwort wird der existentielle Zusammenhang von Sein und Sollen verdeutlicht. Wahrheit ist nicht nur Realität, sondern auch Auftrag, Aufgabe und Berufung. Gott ist wahr in allem, was er tut. Indem ich mich als Teil des Bewusstseinsvollzuges Gottes begreife, trage ich zur Verwirklichung des Lichtes in der Schöpfung bei. Im Menschsein können sich also die Möglichkeiten Gottes aktualisieren. Deshalb braucht niemand Angst vor der Realität zu haben. Weltflucht ist der falsche Weg. So haben wir teil am Prozess der *Emergenz*, der spontanen und kreativen Erneuerung auf dem Weg vom Chaos zum Kosmos. Diese enorm positive und konstruktive Energie, die das Gegensätzliche reorganisiert und über sich selbst hinauswachsen lässt, kann man nun auch im biblischen Sinn als Licht bezeichnen, als Wesensart Gottes. „Gott, du mein Gott, dich suche ich, meine Seele dürstet nach dir. Nach dir schmachtet mein Leib wie dürres, lechzendes Land ohne Wasser." *(Ps 63, 2)* Die Sehnsucht nach Gott erscheint mir als der stärkste denkbare Gottesbeweis. Nachdem alles erforscht, bewiesen oder widerlegt worden ist, alles durchdacht und ausgelotet, bleibt eine letzte, große und existentielle Sehnsucht nach Gott. Es ist vor allem Gottes Treue, die den menschlichen Widerspruch förmlich in die Knie zwingt. „Von den Taten deiner Huld, Herr, will ich ewig singen, bis zum fernsten Geschlecht laut deine Treue verkünden. Denn ich bekenne: Deine Huld besteht für immer und ewig; deine Treue steht fest im Himmel." *(Ps 89, 2-3)* „Wenn wir untreu sind, bleibt er doch treu, denn er kann sich selbst nicht verleugnen." *(2 Tim 2, 13)* Nach allem Suchen und Fragen, nach allem Ringen und Hadern finden wir in Gott unsere letzte Heimat, das Ziel unserer Sehnsucht: „Denn ihr hattet euch verirrt wie Schafe, jetzt aber seid ihr heimgekehrt zum Hirten und Bischof eurer Seelen." *(1 Petr 2, 25)* „Er ist ein unbeirrbar treuer Gott, er ist gerecht und gerade." *(Dtn 32, 4)* „In deine Hände lege ich voll Vertrauen meinen Geist; du hast mich erlöst, Herr, du treuer Gott." *(Ps 31, 6)* Die französische Begine Marguerite Porète spricht in ihrem mystischen Werk „Spiegel der einfachen Seelen" *(frz. Le Miroir des âmes simples)* deshalb auch vom „vollständigen Genuss der Gottheit" und meint: „Gott sieht sich in der Seele in seiner göttlichen Majestät, durch die er diese Seele verklärt, so dass sie nicht sieht, was da noch wäre, außer Gott allein, der ist und durch jedes Ding ist." Im Schlussgebet von Fronleichnam heißt es: „Sättige uns im ewigen Leben durch den vollen Genuss deiner Gottheit." Hier ist eine weitere Stärke des Glaubens an das göttliche Licht festzuhalten, weil dieser Glaube nämlich eine wahrhaft enthusiastische Zukunftshoffnung entwirft, die, mag sie auch noch so utopisch oder visionär erscheinen, ihre ganz eigene Anziehungskraft entfaltet und erstaunliche Kräfte freisetzt, indem sie verkündet: In Gott kommt alles zur Vollendung.

53. Dem Licht zum Durchbruch verhelfen

„Die Nacht ist vorgerückt, der Tag ist nahe. Darum lasst uns ablegen die Werke der Finsternis und anlegen die Waffen des Lichts." *(Röm 13, 12)* Hier wird das Zusammenspiel von Sein und Sollen verdeutlicht. Das Licht der göttlichen Vernunft ist in die Schöpfung hineingesät, aber es bedarf des Wachstums, des Kämpfens und Strebens, damit diesem Licht zum Durchbruch verholfen werden kann. Gott ist Licht wie ein Samenkorn, das in der Erde schlummert. Wer vom göttlichen Licht begeistert ist, wächst wie von selbst in die Berufung hinein, andere mit diesem Licht anzustecken, für dieses Licht einzustehen und es gegen die Finsternis zu verteidigen. Der schlesische Dichter Angelus Silesius schreibt: „Freund, so du etwas bist, so bleib doch ja nicht stehn: Man muss aus einem Licht fort in das andre gehn." Wer dem göttlichen Licht folgt, erfährt, dass Gottes Gnade an jedem Tag neu zu finden ist. Hinter uns liegen die Tage wie Asche und vor uns liegt die Zukunft wie eine Flamme, die bewahrt werden muss. Dem Komponisten Gustav Mahler wir das Wort zugeschrieben: „Tradition ist Bewahrung des Feuers und nicht Anbetung der Asche." Das gilt in besonderer Weise vom Glaubensleben, das „von einem Licht fort in das andre" zu gehen hat. Darin gleicht es dem Volk Israel, das aus Ägypten fortzog, um das gelobte Land zu erreichen. Es gleicht der Berufung des Abraham, zu dem Gott einst sagte: „Zieh weg aus deinem Land, von deiner Verwandtschaft und aus deinem Vaterhaus in das Land, das ich dir zeigen werde." *(Gen 12 ,1)* Das Leben im Licht Gottes lässt sich mit einem Begriff aus der griechischen Antike besonders gut zum Ausdruck bringen: Enthusiasmus. Damit sind Begeisterung, Leidenschaft, Inspiration und Hingabe in der Gegenwart Gottes gemeint. Ein Enthusiast im wörtlichen Sinn ist der von Gott Erfüllte, der „eines Gottes voll" ist. Hier wird die kreative und lebensfreundliche Energie deutlich, die von Gott ausgeht. Gott erweckt die edelsten Kräfte im Menschen zum Leben. Und er führt uns so auch in die vollkommene Freiheit der von Schuld und Sünde erlösten Existenz.

54. Komm Schöpfer Geist

Im Pfingsthymnus „Komm Schöpfer Geist“ *(lat. Veni creator Spiritus)* gibt es eine Strophe, die das Konzept des göttlichen Lichtes im Erkenntnisvermögen der Gläubigen verortet. Dort heißt es: „Entflamme Sinne und Gemüt, dass Liebe unser Herz durchglüht, und unser schwaches Fleisch und Blut in deiner Kraft das Gute tut.“ *(lat. accende lumen sensibus, infunde amorem cordibus, infirma nostri corporis virtute firmans perpeti)*. Dass unsere Sinne nicht nur passiv erleuchtet werden, sondern aktiv in die uns umgebende Welt hineinleuchten, um besser sehen zu können, ist ein faszinierender Gedanke. Gottes Licht weckt darüber hinaus die Liebe des Herzens. Seine täglich neue, unendliche und unsterbliche Energie *(lat. virtus perpetua)* baut die Schwächen unseres Körpers auf, gleicht sie aus und erneuert, was abgestorben war. Damit ist der Schöpfer Geist *(lat. creator Spiritus)* identisch mit dem inneren Wesen Gottes, das in seiner Schöpfung wie ein Spurenelement tatsächlich und real vorhanden ist. „So soll euer Licht vor den Menschen leuchten, damit sie eure guten Werke sehen und euren Vater im Himmel preisen.“ *(Mt 5, 16)* In Verbindung mit der Aussage „Und das Licht leuchtet in der Finsternis und die Finsternis hat es nicht erfasst“ *(Joh 1, 5)* erhebt sich in mir wie ein strahlender Sonnenaufgang die Berufung, die Welt erkenntnismäßig so weit wie nur irgend möglich zu durchdringen. Mit gesteigertem Realitätssinn und natürlichem Selbstvertrauen durchschreite ich die Finsternisse, Abgründe und Entlegenheiten des Seins, um es heller zu machen. Dies ist mir möglich, weil dieses mein Erkenntnisvermögen und Bewusstsein nicht länger in Konkurrenz zu einem mir gegenüber befindlichen, fremden Gott treten muss. Ich brauche nicht mehr mit Gott zu ringen, was bekanntlich dem Patriarchen Jakob, dem Gottesstreiter, viel von seiner Kraft geraubt hat. *(vgl. Gen 32, 23-29)* Nun aber gilt: Gott ist Licht, bis ins kleinste Detail seiner Schöpfung gegenwärtig, dialogisch und kommunikativ erwachend im Bewusstseinsprozess des menschlichen Geistes, der letztendlich als Seele, als Heiliger Geist und integraler Bestandteil Gottes offenbar geworden ist. So bin ich bewusste, denkende, erkennende, verstehende, mitfühlende und begreifende Schöpfung, zur Sprache gekommene Materie, die dem Rest der Schöpfung eine Stimme verleiht. Mehr noch: Indem ich selbst die Welt erleuchte, habe ich teil am großen Verklärungsprozess Gottes, werde Teil seines Wesens, verhelfe ich Gott zum Durchbruch der Vollendung alles Sterblichen ins Unsterbliche und Ewige hinein. Das Licht meines Geistes geht selbst dahin, wo es weh tut, wo falsche Weltanschauungen, Psychologien und Religionsauffassungen alles nur verdrängen, indem sie vor den harten und vielleicht fast wahnsinnig machenden Realitäten des Lebens die Augen verschließen. Da leuchte ich mit großer Tapferkeit und festem Gottvertrauen in die Abgründe des Seins hinein. Dazu ermutigt in gleicher Weise der Philipperbrief des Apostels Paulus: „Tut alles ohne Murren und Bedenken, damit ihr rein und ohne Tadel seid, Kinder Gottes ohne Makel mitten in einer verdorbenen und verwirrten Generation, unter der ihr als Lichter in der Welt leuchtet." *(Phil 2, 14-15)* „Die Nacht ist vorgerückt, der Tag ist nahe. Darum lasst uns ablegen die Werke der Finsternis und anlegen die Waffen des Lichts." *(Röm 13, 12)* Welche Gnade, Teil des Bewusstseinsprozesses Gottes zu sein. Auch Christus hat durch seine Selbstentäußerung an diesem Verklärungsprozess teilgenommen. Am Kreuz, von der Erde erhöht, hat er alles an sich gezogen.

55. Selbsterkenntnis und Gotteserkenntnis

Die berühmte Inschrift am Apollotempel zu Delphi „Erkenne dich selbst" *(griech. gnothi seauton – lat. nosce te ipsum)* ist und bleibt ein Meilenstein auf dem Weg der Erkenntnis. Bevor ich über Gott und die Welt rede, muss ich mich zuerst des Organs, mit dem ich die mich umgebende Welt wahrzunehmen versuche, vergewissern, und das ist das menschliche Selbstbewusstsein. Nur ein konzentriertes, in sich ruhendes Wahrnehmungsvermögen kann klar und deutlich erkennen. Deshalb muss ich von Anfang bis Ende zu mir selbst zurückkehren und meinen Geist schärfen, um im nächsten Schritt von dem Zeugnis abzulegen, was ich erkannt habe. Die zwingend logische Zusammengehörigkeit von Selbsterkenntnis und Gotteserkenntnis hat Ludwig Feuerbach in seinem Werk über das „Wesen des Christentums" herausgearbeitet. Allerdings hat er daraus meines Erachtens die falschen Schlüsse gezogen. Feuerbach sagt über das Wesen der Religion: „Der Gegenstand des Menschen ist nichts anderes als sein gegenständliches Wesen selbst. Wie der Mensch denkt, wie er gesinnt ist, so ist sein Gott: So viel Wert der Mensch hat, so viel Wert und nicht mehr hat sein Gott. Das Bewusstsein Gottes ist das Selbstbewusstsein des Menschen, die Erkenntnis Gottes die Selbsterkenntnis des Menschen. Aus seinem Gotte erkennst du den Menschen, und wiederum aus dem Menschen seinen Gott; beides ist eins. Was dem Menschen Gott ist, das ist sein Geist, seine Seele, und was des Menschen Geist, seine Seele, sein Herz, das ist sein Gott: Gott ist das offenbare Innere, das ausgesprochene Selbst des Menschen; die Religion die feierliche Enthüllung der verborgenen Schätze des Menschen, das Eingeständnis seiner innersten Gedanken, das öffentliche Bekenntnis seiner Liebesgeheimnisse."

So berückend klar und hellsichtig diese Beschreibung auch sein mag – sie hat doch einen Schönheitsfehler. Nie und nimmer werde ich einsehen, dass Gott und die Seele miteinander identisch sein sollen. Das ist allein schon deshalb unwahrscheinlich, weil das menschliche Erkenntnisvermögen für Gott und Seele zwei exakt unterschiedliche Begriffe herausgebildet und in der Tradition der Sprache fest verankert hat. Da könnte ich mit demselben Recht behaupten: Die Sonne und das menschliche Auge sind identisch. Aber das ist falsch. Vielmehr gehe ich davon aus, dass Sonne und Auge zwei völlig getrennte Realitäten sind und dennoch wesenhaft miteinander korrespondieren. Dasselbe postuliere ich für Gott und die Seele, nur mit dem Unterschied, dass ich beides noch nicht so schön exakt naturwissenschaftlich darstellen kann wie Sonne und Auge. Aber das Prinzip ist dasselbe. Indem ich also danach strebe, die Natur der Seele möglichst exakt zu erkennen, und indem ich versuche, mir das Wesen Gottes so gut wie möglich vertraut zu machen, dringe ich in beide Realitäten tiefer ein und kann damit einen Fortschritt darin erzielen, beides besser zu begreifen. Der entscheidende Schnittpunkt der Erkenntniswege scheint mir in jedem Fall das menschliche Erkenntnisvermögen beziehungsweise das menschliche Selbstbewusstsein zu sein. Wie das Gehirn nach außen hin eine Vorstellung von der Sonne und ihren materiellen Eigenschaften gewinnen kann, und nach innen hin eine Vorstellung vom Auge und seinen Funktionen, so kann die menschliche Vernunft in gleicher Weise eine Vorstellung von der Seele im Inneren und von Gott im Äußeren erlangen. Und diese Vorstellung lässt sich auf dem Weg des Dialogs zwischen Gott und Seele immer weiter vertiefen.

56. Religion und Vaterglaube

Sigmund Freud schreibt in seinen Ausführungen über „eine Kindheitserinnerung des Leonardo da Vinci“: „Die Psychoanalyse hat uns den intimen Zusammenhang zwischen dem Vaterkomplex und der Gottesgläubigkeit kennengelehrt, hat uns gezeigt, dass der persönliche Gott psychologisch nichts anderes ist als ein erhöhter Vater, und führt uns täglich vor Augen, wie jugendliche Personen den religiösen Glauben verlieren, sobald die Autorität des Vaters bei ihnen zusammenbricht. Im Elternkomplex erkennen wir so die Wurzel des religiösen Bedürfnisses; der allmächtige, gerechte Gott und die gütige Natur erscheinen uns als großartige Sublimierungen von Vater und Mutter, vielmehr als Erneuerungen und Wiederherstellungen der frühkindlichen Vorstellungen von beiden. Die Religiosität führt sich biologisch auf die lang anhaltende Hilflosigkeit und Hilfsbedürftigkeit des kleinen Menschenkindes zurück, welches, wenn es später seine wirkliche Verlassenheit und Schwäche gegen die großen Mächte des Lebens erkannt hat, seine Lage ähnlich wie in der Kindheit empfindet und deren Trostlosigkeit durch die regressive Erneuerung der infantilen Schutzmächte zu verleugnen sucht."

Dagegen ist einzuwenden, dass sich die enge emotionale und psychische Bindung an die Eltern ebenso auswächst, wie ein Apfelblüte sich im reifen Apfel auswächst und niemals wieder zum Blütenstadium zurückkehrt, wie auch eine Apfelblüte in keinster Weise mehr in einem fertigen Apfel gefunden werden kann. Zudem überschätzt Freud meines Erachtens bei weitem die Dominanz der Eltern in der kindlichen Psyche. Wenn dem so wäre, gäbe es keine selbstständigen Persönlichkeiten, sondern nur die Abziehbilder der Elternpersonen. Aber wie gegensätzlich entwickeln sich doch die jugendlichen Persönlichkeiten gegenüber ihren Eltern! Aber auch von der theologischen Perspektive her ist Freuds Psychoanalyse fragwürdig. Gottes Wesen ist seit jeher als unergründlich, vielfältig und vielgestaltig aufgefasst worden. Wie kann ein biologischer Vater in der kindlichen Psyche all das hergeben, was Generationen von Menschen von Gott wahrgenommen haben? Das hieße, um noch einmal den Vergleich von Sonne und Auge heranzuziehen, dass ich behaupten würde, das Auge meines Vaters, das mir wesensgleich ist und in dessen Anblick ich groß geworden bin, sei nichts anderes als die Sonne, und ich würde bei erstarktem Vernunftgebrauch den Unterschied zwischen dem Vaterauge und der Sonne nicht erkennen. Da halte ich mich lieber an die Weisheit der Bibel, die diesen Unterschied im Vernunftgebrauch schon lange vor Freud gemacht hat. Der Apostel Paulus schreibt nämlich: „Als ich ein Kind war, redete ich wie ein Kind, dachte wie ein Kind und urteilte wie ein Kind. Als ich ein Mann wurde, legte ich ab, was Kind an mir war. Jetzt schauen wir in einen Spiegel und sehen nur rätselhafte Umrisse, dann aber schauen wir von Angesicht zu Angesicht. Jetzt erkenne ich unvollkommen, dann aber werde ich durch und durch erkennen, so wie ich auch durch und durch erkannt worden bin." *(1 Kor 13, 11-12)* Das ist doch eine ganz andere Erkenntnisperspektive, die mein Forschen nicht mit dem Schlagwort eines Vaterkomplexes abzuwürgen versucht, sondern eine Richtung aufzeigt, in der ich suchend und fragend weitergehen kann. Es führt zu nichts, der

Realität Gottes einfach das Etikett Vaterkomplex aufzukleben und jede Diskussion in dieser Richtung im Keim zu ersticken. Auch hier zeigt sich wieder einmal, wie wichtig eine klare Differenzierung zwischen Sein und Schein, zwischen subjektiver und objektiver Realität, zwischen Fremdwahrnehmung und Selbstwahrnehmung, zwischen innen und außen, zwischen Gott, Welt und Mensch ist. Der Mensch ist nicht Gott und Gott ist nicht der Mensch. Genau deshalb sprechen wir ja von einer Seele. Materie ist nicht Geist und Geist ist nicht Materie. Wäre das alles miteinander identisch, so gäbe es keinerlei Streben, Suchen und Fragen, Forschen und Zweifeln. Nun aber sind Gott und die Seele voneinander verschieden, wenn auch, wie die Bibel nahelegt, wesensverwandt. Deshalb führt es uns keinen Schritt weiter, Gott mit dem menschlichen Selbstbewusstsein oder mit einer vagen Erinnerung an die Eltern der eigenen Kindheit gleichzusetzen.

57. Anteil am inneren Leben Gottes

Das Geheimnis der Gotteskindschaft, das identisch ist mit dem Geheimnis der Auferstehung und des ewigen Lebens, weil es am inneren Leben Gottes Anteil gibt, gipfelt in der Aussage: Wir stammen von Gott ab. „Jeder, der glaubt, dass Jesus der Christus ist, stammt von Gott und jeder, der den Vater liebt, liebt auch den, der von ihm stammt. Wir erkennen, dass wir die Kinder Gottes lieben, wenn wir Gott lieben und seine Gebote erfüllen." *(1 Joh 5, 1-2)* „Jeder, der von Gott stammt, tut keine Sünde, weil Gottes Same in ihm bleibt. Er kann nicht sündigen, weil er von Gott stammt." *(1 Joh 3, 9)* „Wir aber sind aus Gott... Liebe Brüder, wir wollen einander lieben; denn die Liebe ist aus Gott und jeder, der liebt, stammt von Gott und erkennt Gott... Wenn wir einander lieben, bleibt Gott in uns und seine Liebe ist in uns vollendet. Daran erkennen wir, dass wir in ihm bleiben und er in uns bleibt: Er hat uns von seinem Geist gegeben... Gott ist die Liebe, und wer in der Liebe bleibt, bleibt in

Gott und Gott bleibt in ihm.“ *(1 Joh 4, 6-7. 12-13. 16)* „Allen aber, die ihn aufnahmen, gab er Macht, Kinder Gottes zu werden, allen, die an seinen Namen glauben, die nicht aus dem Blut, nicht aus dem Willen des Fleisches, nicht aus dem Willen des Mannes, sondern aus Gott geboren sind.“ *(Joh 1, 12-13)* Welch grandioses Wort: aus Gott geboren! Von göttlicher Abstammung! Gott wesensgleich!

58. In der Nachfolge Jesu Christi

Der Aufruf Jesu Christi zur Nachfolge *(vgl. Mt 4, 19; Mk 1, 17)* ist in der christlichen Tradition höchst unterschiedlich aufgefasst und noch viel unterschiedlicher in die Tat umgesetzt worden. Zunächst ist das Wort von Sören Kierkegaard maßgeblich: „Jesus will keine Bewunderer, er braucht Nachfolger.“ Außerdem braucht die Nachfolge Christi die trinitarische Dreidimensionalität, also den Raum, der sich mit Gott Vater, Sohn und Heiligem Geist auftut. Nachfolge beginnt damit, dass ich Jesus Christus klar und eindeutig als den Sohn Gottes erkenne, der von Gott als seinem Vater ausgegangen und wieder zu ihm zurückgekehrt ist, um ganz in seiner Gegenwart zu leben. Im Heiligen Geist, der vom Vater und vom Sohn ausgeht, habe ich Anteil am inneren Leben Gottes und stehe beständig in Gottes Gegenwart. „Meine Augen schauen stets auf den Herrn.“ *(Ps 25, 15)* „Ich habe den Herrn beständig vor Augen. Er steht mir zur Rechten, ich wanke nicht. Darum freut sich mein Herz und frohlockt meine Seele; auch mein Leib wird wohnen in Sicherheit. Denn du gibst mich nicht der Unterwelt preis; du lässt deinen Frommen das Grab nicht schauen. Du zeigst mir den Pfad zum Leben. Vor deinem Angesicht herrscht Freude in Fülle, zu deiner Rechten Wonne für alle Zeit.“ *(Ps 16, 8-11)* Zugleich erfahre ich mich durch die Botschaft vom Sohn Gottes in die Gemeinschaft der Kinder Gottes aufgenommen, die sich im Heiligen Geist als mit Gott wesensverwandt wissen. „Wir heißen Kinder Gottes und wir sind es.“ *(1 Joh 3, 1)* So lässt sich der Heilige Geist als kollektives und universales Bewusstsein Gottes ausmachen, als Summe aller Seelen, als der zu sich selbst gekommene Gott, an dessen Bewusstseinsprozess jede einzelne Seele auf einmalige Weise teilhaben darf.

59. Priester und Könige im Reich Gottes

Aus der existentiellen Nachfolge Christi lässt sich nun aber eine neue Geisteshaltung erheben, die der Berufung „zu Priestern und Königen für unseren Gott" *(vgl. Offb 5, 10)* und zu prophetischem Reden *(vgl. 1. Kor 12, 10)* entspricht. Indem ich mich ganz und existentiell in die Nachfolge Christi hineinbegebe, stehe ich auf neue Weise vor Gott und in der Welt, entdecke ich aber genauso auch auf völlig neue Weise die Möglichkeiten meiner eigenen Persönlichkeit. Die Aussage „Nicht mehr ich lebe, sondern Christus lebt in mir" *(Gal 2, 20)* kann nicht zur Vernichtung der eigenen Existenz um Christi willen führen. Das wäre schwarmgeisterischer Wahnsinn und Größenwahn. Es muss klar sein: Ich bin nicht Jesus, ich war es nie und werde es auch nie sein. Aber ich entdecke im Gegenüber zu Jesus Christus die Möglichkeiten meiner eigenen Existenz, in die Wirklichkeit Gottes hineinzuwachsen und am göttlichen Bewusstsein teilzunehmen. Daraus ergibt sich wie von selbst das Bedürfnis, ein widerstandsfähiges und tragfähiges mentales Modell oder kognitives Konzept in meinem Bewusstsein zu verankern, das eine möglichst gute und getreue Nachfolge Christi ermöglicht und mich gegen Vergiftungen von außen durch böse Menschen und Schicksalsschläge immunisiert. Hier können wir ruhig nochmals bei der griechischen Antike mit ihrem „Erkenne dich selbst" ansetzen und weiterhin sagen: Erkenne dich im Spiegel Jesu Christi, seines Schicksals, seiner Sendung, seiner Berufung, seiner himmlischen Vollendung! Erkenne dich in der Gegenwart Gottes, der alle seine Kinder wie ein Vater liebt, weil er sie erschaffen hat und sie zu sich heimholen möchte. „Du liebst alles, was ist, und verabscheust nichts von allem, was du gemacht hast;

denn hättest du etwas gehasst, so hättest du es nicht geschaffen. Wie könnte etwas ohne deinen Willen Bestand haben, oder wie könnte etwas erhalten bleiben, das nicht von dir ins Dasein gerufen wäre? Du schonst alles, weil es dein Eigentum ist, Herr, du Freund des Lebens. Denn in allem ist dein unvergänglicher Geist." *(Weish 11, 24-26; 12, 1)*

Zusammen mit der Selbsterkenntnis und der Gotteserkenntnis wachsen die eminent wichtigen geistigen Tugenden der Selbstachtung, der Selbstsicherheit, des Selbstvertrauens und des gesunden Selbstbewusstseins, ja eines recht verstandenen Sendungsbewusstseins im Sinne des geistig-geistlichen Prophetenamtes – Tugenden, die das Kreuz nicht scheuen und helfen, radikal ehrlich und unabhängig zu leben. Wie Glockenschläge tönen dazu die Worte von Papst Leo dem Großen: „Christ, erkenne deine Würde! Du bist der göttlichen Natur teilhaftig geworden. Kehre nicht zu der alten Erbärmlichkeit zurück und lebe nicht unter deiner Würde. Denk an das Haupt und den Leib, dem du als Glied angehörst! Bedenke, dass du der Macht der Finsternis entrissen und in das Licht und das Reich Gottes aufgenommen bist!"

60. Gottesvergiftung und Gotteswahn?

Seit der Psychoanalytiker Tilmann Moser das Schlagwort von der Gottesvergiftung ausgegeben hat, muss sich jede verantwortungsbewusste Glaubensverkündigung die Frage stellen, ob der Gott, von dem in Schrift und Tradition die Rede ist, am Ende nicht befreit, sondern belastet, nicht das Leben heller macht, sondern es verdunkelt, nicht mündige und selbstständige Menschen, sondern von Sündenschuld und Versagensangst gequälte Duckmäuser hervorbringt. Tilmann Moser schreibt: „Was wird der liebe Gott dazu sagen? Durch diesen Satz war ich früh meiner eigenen inneren Gerichtsbarkeit überlassen worden. Im Grunde mussten die Eltern gar nicht mehr sehr viel Erziehungsarbeit leisten. Der Kampf um das, was ich tun und lassen durfte, vollzog sich nicht mit ihnen als menschliche Instanz, mit der es einen gewissen Verhandlungsspielraum gegeben hätte, sondern die Selbstzucht, wie das genannt wurde, war mir überlassen, oder besser, der rasch anwachsenden Gotteskrankheit in mir... *Herr, erhebe dein Antlitz über uns* – so haben wir am Ende jedes Gottesdienstes gefleht, als gäbe es keine größere Sehnsucht, als immerzu dein ewig-kontrollierendes *big-brother*-Gesicht über uns an der Decke zu sehen... Du hast mir so gründlich die Gewissheit geraubt, mich jemals in Ordnung fühlen zu dürfen, mich mit dir aussöhnen, mich *o. k.* finden zu können... Ich weiß von Patienten, Freunden und Bekannten, dass du für Millionen noch immer die schlimmste Kinderkrankheit bist, die man sich denken kann, in vielen Fällen unheilbar, ansteckend vor allem für Kinder und Kindeskinder... Du gedeihst in den Hohlräumen sozialer Ohnmacht und Unwissenheit. Du blühst aus der Lebensangst meiner Vorfahren, aus allem Unverstandenen, das sie heimgesucht hat, vor allem aber: aus ihrer Ungeborgenheit, aus ihren seelischen Entbehrungen, gegen die sie dich wie eine riesige Plombe in einen faulenden Zahn gesetzt haben." Ich habe größtes Verständnis für die wohl traumatisch zu nennende Gotteserfahrung, die Tilmann Moser in seiner Kindheit gemacht hat. Wer sich an den dunklen Seiten jener biblischen Aussagen festbeißt, die den zornigen, launischen, eifersüchtigen, gewalttätigen, kämpferischen, schnell reizbaren und gnadenlos strafenden orientalischen Patriarchen-Gott in den Vordergrund stellen, der wird zwangsläufig bei einer Gottesvergiftung landen und heilfroh sein, mit Erreichen der geistigen und emotionalen Mündigkeit diesen „Gotteswahn", wie es der britische Biologe Richard Dawkins ausgedrückt hat, guten Gewissens über Bord werfen zu können. Damit wäre dann in der Tat auch jener geistige Fortschritt erzielt, den sich Immanuel Kant vom Zeitalter der Aufklärung versprochen hatte: „Aufklärung ist der Ausgang des Menschen aus seiner selbstverschuldeten Unmündigkeit. Unmündigkeit ist das Unvermögen, sich seines Verstandes ohne Leitung eines anderen zu bedienen. Selbstverschuldet ist diese Unmündigkeit, wenn die Ursache derselben nicht am Mangel des Verstandes, sondern der Entschließung und des Mutes liegt, sich seiner ohne Leitung eines anderen zu bedienen. *Sapere aude!* Habe Mut, dich deines eigenen Verstandes zu bedienen! ist also der Wahlspruch der Aufklärung." Also muss der Mensch zuerst aus der Befangenheit durch das traditionell deformierte Gottesbild entlassen worden sein, bevor er Sein und Schein in der Gottesfrage zu unterscheiden versteht. Aber nichts anderes ist im biblischen Sinn mit der Entäußerung *(griech. kenosis)* des Gottessohnes gemeint: „Er war Gott gleich, hielt aber nicht daran fest, wie Gott zu sein, sondern er entäußerte sich und wurde wie ein Sklave und den Menschen gleich. Sein Leben war das eines Menschen; er erniedrigte sich und war gehorsam bis zum Tod, bis zum Tod am Kreuz. Darum hat ihn Gott über alle erhöht und ihm den Namen verliehen, der größer ist als alle Namen, damit alle im Himmel, auf der Erde und unter der Erde ihre Knie beugen vor dem Namen Jesu und jeder Mund bekennt: ‚Jesus Christus ist der Herr.' - zur Ehre Gottes, des Vaters." *(Phil 2, 6-11)* Sein Leben war das eines Menschen, und so muss es jedes Mal wieder aufs Neue sein, wenn es jemand mit dem Leben in Gottes Gegenwart wagt. Nur die Unmittelbarkeit zu Gott, die Schau Gottes von Angesicht zu Angesicht *(vgl. 1 Kor 13, 12)* vermag die Missverständnisse zu überwinden und die Dunkelheiten zu durchdringen, welche die Seele vergiften können. Wer Gott gesehen hat, kann nicht anders, als ihn aus ganzem Herzen zu lieben. „Wer Gott kennt, der verehrt ihn" *(lat. Deum colit, qui novit)*, sagte der römische Philosoph Seneca. Auch der deutsche Physiker Werner Heisenberg hat recht, wenn er behauptet: „Der erste Trunk aus dem Becher der Naturwissenschaften macht atheistisch, aber auf dem Grund des Bechers wartet Gott."

Richard Dawkins trifft sich in seinem Buch „Der Gotteswahn" ziemlich genau mit jener wunden Stelle, die Tilmann Moser für seine Gottesvergiftung verantwortlich gemacht hat. Dawkins schreibt: „Der Gott des Alten Testaments ist die unangenehmste Gestalt der gesamten Dichtung: eifersüchtig und auch noch stolz drauf; ein kleinlicher, ungerechter, nachtragender Kontroll-Freak; ein rachsüchtiger, blutrünstiger ethnischer Säuberer; ein frauenfeindlicher, homophober, rassistischer, kinds- und völkermörderischer, ekliger, größenwahnsinniger, sadomasochistischer, launisch-boshafter Tyrann." Dagegen ist wiederum einzuwenden, dass an erster Stelle beim Gottesglauben nicht die biblische Botschaft, sondern die mystische Schau Gottes von Angesicht zu Angesicht steht. Erst in einem zweiten Schritt lässt sich das Zeugnis der Bibel als Offenbarung Gottes heranziehen, und zwar mit aller zeitgeschichtlichen Bedingtheit und Fehlerhaftigkeit, die nun einmal aller Geschichtsschreibung und aller schriftlich ausformulierten Interpretation von realen Erlebnissen anhaften.

61. Augenzeugen Gottes: Zum Sehen geboren, zum Schauen bestellt

Wenn ich einen Satz aus der Bibel streichen dürfte, dann wäre es die Antwort, die der Apostel Thomas erhielt, nachdem er an der Auferstehung Jesu gezweifelt hatte und acht Tage später die Wundmale des Auferstandenen berühren durfte. Bekanntlich sagte Jesus zu ihm: „Weil du mich gesehen hast, glaubst du. Selig sind, die nicht sehen und doch glauben." *(Joh 20, 29)* Würde im Christentum alles nach dem Prinzip des blinden Glaubens ausgehandelt, so bliebe in der Tat nichts anderes übrig als Kadavergehorsam, seelenlose Gesetzesfrömmigkeit und Aberglaube. Nun aber zeichnet sich doch gerade der Glaube der ersten Christen nach der Auferstehung dadurch aus, dass er sich auf das Fundament der Augenzeugen gründet. Der Evangelist Johannes schreibt: „Und der, der es gesehen hat, hat es bezeugt, und sein Zeugnis ist wahr. Und er weiß, dass er Wahres berichtet, damit auch ihr glaubt." *(Joh 19, 35; vgl. 1 Joh 1, 1)* Auch bei der Wahl des Matthias zum Nachfolger des Judas Iskariot im Kreis der zwölf Apostel spielt dieses sehr realistische Augenzeugnis eine gewichtige Rolle: „Einer von den Männern, die die ganze Zeit mit uns zusammen waren, als Jesus, der Herr, bei uns ein und aus ging, angefangen von der Taufe durch Johannes bis zu dem Tag, an dem er von uns ging und in den Himmel aufgenommen wurde, - einer von diesen muss nun zusammen mit uns Zeuge seiner Auferstehung sein." *(Apg 1, 21-22)* Der Apostel Petrus bekennt: „Und wir sind Zeugen für alles, was er im Land der Juden und in Jerusalem getan hat. Ihn haben sie an den Pfahl gehängt und getötet. Gott aber hat ihn am dritten Tag auferweckt und hat ihn erscheinen lassen, zwar nicht dem ganzen Volk, wohl aber den von Gott vorherbestimmten Zeugen: uns, die wir mit ihm nach seiner Auferstehung von den Toten gegessen und getrunken haben." *(Apg 10, 39-41)* Schon Mose sagte vor dem brennenden Dornbusch, in dem sich ihm Gott selbst offenbarte: „Er schaute hin: Da brannte der Dornbusch und verbrannte doch nicht. Mose sagte: Ich will dorthin gehen und mir die außergewöhnliche Erscheinung ansehen. Warum verbrennt denn der Dornbusch nicht? Als der Herr sah, dass Mose näher kam, um sich das anzusehen, rief Gott ihm aus dem Dornbusch zu: Mose, Mose! Er antwortete: Hier bin ich. Der Herr sagte: Komm nicht näher heran! Leg deine Schuhe ab; denn der Ort, wo du stehst, ist heiliger Boden." *(Ex 3, 2-5)* Bei der Steinigung des Stephanus heißt es: „Er aber, erfüllt vom Heiligen Geist, blickte zum Himmel empor, sah die Herrlichkeit Gottes und Jesus zur Rechten Gottes stehen und rief: Ich sehe den Himmel offen und den Menschensohn zur Rechten Gottes stehen." *(Apg 7, 55-56)* Der Apostel Paulus bezeugt bei seiner Bekehrung: „Da sah ich unterwegs, König, mitten am Tag ein Licht, das mich und meine Begleiter vom Himmel her umstrahlte, heller als die Sonne. Wir alle stürzten zu Boden, und ich hörte eine Stimme auf Hebräisch zu mir sagen: Saul, Saul, warum verfolgst du mich? Es wird dir schwer fallen, gegen den Stachel auszuschlagen. Ich antwortete: Wer bist du, Herr? Der Herr sagte: Ich bin Jesus, den du verfolgst. Steh auf, stell dich auf deine Füße! Denn ich bin dir erschienen, um dich zum Diener und Zeugen dessen zu erwählen, was du gesehen hast und was ich dir noch zeigen werde." *(Apg 26,13-16)*

Stets ist hier von Sehen oder Schauen die Rede, nicht von Glauben. Das ist und bleibt das Fundament und der Prüfstein jeder Begegnung mit Gott. Gott will von uns Menschen gesehen werden, und zwar mit allen Sinnen: mit den Augen des Herzens und des

Geistes, mit dem Echo unserer Seele, „mit all deiner Kraft und all deinen Gedanken.“ *(Lk 10, 27)* Ein Bild und Gleichnis dieses Sehens von Angesicht zu Angesicht ist nun aber das, was die christliche Tradition ebenso wie die großen Weltreligionen als Mystik bezeichnen – ein ganzheitliches, existentielles Sehen, das einen fasziniert, in Bann zieht und nie wieder ganz loslässt.

62. Glaube ist kein Glasperlenspiel

„Das will ich mir zu Herzen nehmen, darauf darf ich harren: Die Huld des Herrn ist nicht erschöpft, sein Erbarmen ist nicht zu Ende. Neu ist es an jedem Morgen; groß ist deine Treue. Mein Anteil ist der Herr, sagt meine Seele, darum harre ich auf ihn. Gut ist der Herr zu dem, der auf ihn hofft, zur Seele, die ihn sucht. Gut ist es, schweigend zu harren auf die Hilfe des Herrn.“ *(Klgl 3, 21-26)* Weil Gottes Gnade an jedem Morgen neu ist, ist er nicht nur stets gegenwärtig, sondern auch universal verstehbar, ähnlich wie Musik oder Kunst, die die Seele unmittelbar berühren.

Leider wurde die Allgegenwart Gottes im Laufe der Religionsgeschichte Schritt für Schritt eingeschränkt, reduziert und verfälscht, meist von den Managern, Funktionären und Geschäftsführern der Religionen, für die der Glaube nichts anderes bedeutete als eine Ware, ein Sammelsurium von Worthülsen, das sie glaubten kleinlich horten, verfremden und bis zur Unkenntlichkeit entstellen zu müssen. Sie haben sich zwischen Gott und die Menschen gestellt und hatten nur ihre eigene Ehre im Sinn. Das erinnert auf fatale Weise an Hermann Hesses Roman „Das Glasperlenspiel“, wo eine elitäre Gruppe von Gelehrten in ihrer eigenen kleinen Welt ihre Wissenschaften und Künste in dem geschickten Hantieren mit Glasperlen gipfeln lässt. Wenn der Glaube jedoch nur noch aus Glasperlen besteht, aus unverständlichen Wortgebilden und geistigen Vorstellungshülsen ohne inneres Verständnis, dann geht die direkte Beziehung zum lebendigen Gott verloren. Dann haben wir es mit einem von Menschen gemachten Attrappengott zu tun, wie ihn Baruch, der legendäre Schreiber des Propheten Jeremia, einmal geradezu satirisch nachgezeichnet hat. Er meinte, dass jede von den Heiden erfundene und selbst gebastelte Gottheit im Vergleich zum wahren und lebendigen Gott des Volkes Israels nicht mehr wert sei als eine „Vogelscheuche im Gurkenfeld,“ *(vgl. Bar 6, 69; Jer 10, 5)* womit Baruch eine der ältesten und tiefsinnigsten Religionskritiken überhaupt ausformuliert hat. Wenn Gottesbilder und die mit ihnen verbundenen Kulthandlungen allein daraus ihre Legitimation beziehen, dass sie auf die Gläubigen eine möglichst eindrucksvolle oder gar einschüchternde Wirkung ausüben, dann sind sie eben nichts anderes als Attrappen, Schlüsselreize, die Geborgenheit auslösen, ohne dass dem eine belastbare Realität entspräche. Gegen den heidnischen Bilderkult steht nun aber das Bekenntnis zum Gott Jesu Christi, zum allmächtigen Vater und Schöpfer des Himmels und der Erde. Hören wir ein wenig in Baruchs kraftvolle Schilderungen hinein, um auf fatale Weise manches wiederzuentdecken, was auch heute noch an religiösem Bilderkult anzutreffen ist: „Nun werdet ihr in Babel Götter aus Silber, Gold und Holz sehen, die man auf den Schultern trägt und die den Völkern Furcht einflößen. Hütet euch dann, euch den Fremden anzugleichen und euch von Furcht vor diesen Göttern erfassen zu lassen, wenn ihr seht, wie die Menge sich vor und hinter ihnen niederwirft; sprecht vielmehr in Gedanken: Dir gebührt Anbetung, Herr! Denn mein Engel ist bei euch; er wird über euer Leben wachen. Ein Handwerker hat ihnen eine glatte Zunge angefertigt; sie selbst wurden mit Gold und Silber überzogen; doch sind sie Trug und können nicht reden. Wie für ein Mädchen, das Schmuck liebt, nimmt man Gold und fertigt Kronen für die Häupter ihrer Götter… Man schmückt sie auch, die Götter aus Silber, Gold und Holz, mit Gewändern wie Menschen. Diese Götter werden aber nicht vor Rost und Fraß gerettet. Sie sind in Purpurgewänder gehüllt und doch muss man ihnen den Staub aus dem Gesicht wischen, der im Tempel aufwirbelt und sich dick auf sie legt. Sogar ein Zepter trägt ein solcher Gott, wie jemand, der das Land regiert, doch niemand töten kann, der sich gegen ihn verfehlt. Er hat in der

Rechten einen Dolch oder eine Streitaxt, kann aber nicht einmal sich selbst vor Krieg oder Räubern retten. So zeigen sie deutlich, dass sie keine Götter sind. Fürchtet sie also nicht! Wie im Gurkenfeld eine Vogelscheuche, die nichts behütet, so sind ihre hölzernen, mit Gold und Silber überzogenen Götter. Besser ist also ein gerechter Mensch, der keine Götterbilder hat; denn er ist sicher vor dem Gespött." *(Bar 6, 3-14. 69. 72)* In beeindruckendem und erhabenem Gegensatz dazu steht das Bekenntnis des Propheten Jeremia: „Der Herr aber ist in Wahrheit Gott, lebendiger Gott und ewiger König... Er aber hat die Erde erschaffen durch seine Kraft, den Erdkreis gegründet durch seine Weisheit, durch seine Einsicht den Himmel ausgespannt... Anders der Gott, der Jakobs Anteil ist. Denn er ist der Schöpfer des Alls und Israel ist der Stamm seines Erbes. Herr der Heerscharen ist sein Name." *(Jer 10, 10. 12. 16)*

63. Mündiges Christentum

Die „Freiheit und Herrlichkeit der Kinder Gottes" *(Röm 8, 21)* beinhaltet die Grundüberzeugung, dass jeder Mensch als Träger des göttlichen Wesens unveräußerliche Rechte und Freiheiten besitzt, die man auch als Grundrechte oder Menschenrechte bezeichnen kann. Dazu gehören nicht nur Meinungsfreiheit, Gewissensfreiheit und Religionsfreiheit, sondern auch die allgemeine Handlungsfreiheit, die den Schutz und die Entfaltung des Persönlichkeitskerns voraussetzt. Diese konfliktfreie Zone des Ich oder das Selbst, wie der Psychoanalytiker Heinz Hartmann es nennt, ist mit Werten wie Autonomie, Autarkie, Souveränität, Eigenständigkeit, Mündigkeit, Emanzipation und Selbstbestimmung verbunden. Der Mensch soll wieder Herr im eigenen Haus sein, nicht Sklave fremder Mächte, fremdbestimmt, sich selbst entfremdet und ferngesteuert. Wie von selbst klingt in diese Haltung das Wort des Herrn hinein: „Ich nenne euch nicht mehr Knechte; denn der Knecht weiß nicht, was sein Herr tut. Vielmehr habe ich euch Freunde genannt; denn ich habe euch alles mitgeteilt, was ich von meinem Vater gehört habe. Nicht ihr habt mich erwählt, sondern ich habe euch erwählt und dazu bestimmt, dass ihr euch aufmacht und Frucht bringt und dass eure Frucht bleibt." *(Joh 15, 15-16)*

An diesem Punkt hat die christliche Tradition schwer gesündigt. Gerade in Zeiten hierarchischer, autoritärer und gewalttätiger Kirchenstrukturen ist zur Machtdurchsetzung des Kirchenapparats und seiner Apparatschiks der einzelne Gläubige leichtfertig und sinnlos geopfert worden. Religionskriege, Hexenverbrennungen und Ketzerverfolgungen geben davon ein trauriges Zeugnis. Aber ebenso schlimm, wenn auch subtiler, war und ist die geistig-geistliche Gewalttätigkeit jener selbsternannten Schriftgelehrten, Oberspießer, Scheinheiligen und Moralapostel, die mit Sündenschuld, Höllenfeuer und ewiger Verdammnis operiert und damit die Seelen so vieler Gläubiger zerstört haben. Gott sei dank verfängt in Zeiten einer machtloser werdenden Religiosität diese Masche nicht mehr. Umso wichtiger ist es, dass jeder einzelne Gläubige als mündiger Christ sich selbst die Frage stellt, „wess' Geistes Kind" er ist oder sein möchte, welchen Vorbildern er folgt und welche inneren Antreiber ihm das Leben schwer machen. Wo sitzt das Zentrum meiner Persönlichkeit? In mir selbst oder draußen in einer virtuellen Parallelwelt, die mich wie eine Sekte gefangen hält? Bin ich ganz bei mir selbst? Kenne ich meine Seele? Höre ich auf die Melodie meines Herzens? Bin ich mit prophetischem Wagemut offen für die Offenbarungen Gottes? Führe ich ein selbstbestimmtes Leben, weil es eben nun mal nur dieses eine Leben gibt, das Gott mir geschenkt hat, und ein zweiter Versuch nicht vorgesehen ist? Oder bin ich, wie Karl Marx sagte, mir selbst entfremdet? Bin ich mittlerweile fremdbestimmt, ja ferngesteuert, vor allem von den Erwartungen meiner Mitmenschen, den Ansprüchen der mich umgebenden Gesellschaft, dem Geschmack des momentan herrschenden, zeitgenössischen kirchlichen Lebens unterworfen? Dagegen hilft nur eines, und das ist die Freiheit und Herrlichkeit der Kinder Gottes. „Zur Freiheit hat uns Christus befreit. Bleibt daher fest und lasst euch nicht von neuem das Joch der Knechtschaft auflegen!“ *(Gal 5, 1)* Wer so selbstbewusst und selbstbestimmt in Freiheit leben und glauben kann, ist nun auch frei zur Gottes- und Nächstenliebe, ja zum Dienst am Nächsten, wie Paulus es ausdrückt: „Einer trage des anderen Last; so werdet ihr das Gesetz Christi erfüllen.“ *(Gal 6,2)* Wer frei ist, hat seinen Blick konzentriert und geklärt, um besser, ja sogar zum ersten Mal im Leben überhaupt richtig sehen zu können. Er schlägt in das Holz der Realität nicht mehr mühsam und vergeblich wie mit einer stumpfen Axt ein. Er hat sich Zeit genommen, die Schneide seines Geistes zu schärfen und steht nun gestärkt und mit sicherem Urteil im Leben. So gelingt auch das, was im Jakobusbrief als das „vollkommene Gesetz der Freiheit“ *(Jak 1, 25)* bezeichnet wird, und dessen Einübung wahrhaft selig macht.

64. Schuld und Erlösung

Gott ist Licht durch die Seele, die in jedem Menschen Gott selbst spiegelt, mentalisiert, dialogisiert, repräsentiert, geistig gegenwärtig sein lässt. Diese Hypothese begründet nicht nur die einzigartige Würde und den Wert alles Geschaffenen. Sie weist auch den Weg durch die vielen Irrtümer und Ungereimtheiten, die in der Religionsgeschichte dem menschlichen Wesen zu Unrecht auferlegt worden sind. Die Rede von der Ursünde, vom Sündenfall und von der Verderbtheit der menschlichen Natur legte in der Theologie die Vermutung nahe, dass ein Mensch aus freier Entscheidung auch von Gott getrennt werden und auf ewig in der Hölle landen könnte. Dagegen steht die Einsicht, dass jeder Mensch in sich die Möglichkeit hat, mit Gott verbunden und letztlich mit ihm vereinigt zu werden. „Von Gott bin ich ausgegangen und gekommen.“ *(Joh 8, 42)* „Vom Vater bin ich ausgegangen und in die Welt gekommen; ich verlasse die Welt wieder und gehe zum Vater.“ *(Joh 16, 28)* Diese Offenbarung Jesu Christi gilt es in der Existenz des Christen zu verankern und sie zum alles bestimmenden Lebensprinzip zu erheben. Aus diesem Grund halte ich unter allen Umständen am Persönlichkeitskern der Seele fest, die im Laufe des Lebens wächst und gedeiht und die mich alles ablehnen lässt, was die menschliche Natur zu Unrecht erniedrigen und schlechtreden möchte.

Selbst das Wort Jesu Christi von der Selbstverleugnung bedeutet ganz und gar nicht, dass ein Mensch sich selbst aufzugeben, sein Ich zu vernichten und in fromm geglaubter Selbstentfremdung dahinzuvegetieren hätte. Das widerspricht in elementarer Weise der Geistbegabung der Kinder Gottes. Wir heißen Kinder Gottes und wir sind es. „Denn ihr habt nicht einen Geist empfangen, der euch zu Sklaven macht, so dass ihr euch immer noch fürchten müsstet, sondern ihr habt den Geist empfangen, der euch zu Söhnen macht, den Geist, in dem wir rufen: Abba, Vater! So bezeugt der Geist selber unserem Geist, dass wir Kinder Gottes sind. Sind wir aber Kinder, dann auch Erben; wir sind Erben Gottes und sind Miterben Christi, wenn wir mit ihm leiden, um mit ihm auch verherrlicht zu werden." *(Röm 8, 15-17)* Sicher sagt Jesus Christus: „Wer mein Jünger sein will, der verleugne sich selbst, nehme täglich sein Kreuz auf sich und folge mir nach." *(Lk 9, 23)* „Wer an seinem Leben hängt, verliert es; wer aber sein Leben in dieser Welt gering achtet, wird es bewahren bis ins ewige Leben." *(Joh 12, 25)* Wollen wir diese Aussagen jedoch richtig verstehen, so dürfen wir keinerlei Abstriche an dem machen, was uns mit der Gottessohnschaft Jesu Christi und der Gotteskindschaft im Bezug auf Gott, den Vater und Schöpfer des Himmels und der Erde geoffenbart worden ist. Deshalb kann eine rechte Selbstverleugnung, die zum Dienst an den Mitmenschen und zur Liebe zu Gott aus ganzem Herzen und ganzer Seele befreit, nie verwechselt werden mit falscher Unterwürfigkeit, Speichelleckerei, Salbaderei und Selbstdemütigung. In aller Radikalität stellen wir gegen die makabre Sündenfixiertheit des pseudoreligiösen Fanatikers die alles überwindende Kraft der Erlösung in Jesus Christus: „Sind wir nun mit Christus gestorben, so glauben wir, dass wir auch mit ihm leben werden. Wir wissen, dass Christus, von den Toten auferweckt, nicht mehr stirbt; der Tod hat keine Macht mehr über ihn. Denn durch sein Sterben ist er ein für alle Mal gestorben für die Sünde, sein Leben aber lebt er für Gott. So begreift auch ihr euch als Menschen, die für die Sünde tot sind, aber für Gott leben in Christus Jesus." *(Röm 6, 8-11)*

65. Ein Strahl der göttlichen Wahrheit

Mit unserer Seele tragen wir Gottes Licht ganz real in uns, sein Wesen, seine Energie, seinen Heiligen Geist, die wahrhaft unsterblich sind. Das ist so, wie wenn zwei Liebende einander stets geistig gegenwärtig sind und sich gegenseitig verwandeln, ja sich ineinander konkretisieren. Sie machen sich dadurch zu neuen und besseren Menschen. Damit weitet sich der Blick auf die menschliche Natur im Ganzen. Wenn es wahr ist, dass Gottes Licht in uns wirkt und schafft, dann ergibt sich wie von selbst die Frage: Ist dieses Licht vielleicht ebenso in einem buddhistischen Mönch gegenwärtig, auch wenn dieser es ganz anders nennen würde? Steht der Buddhist, der den Schwerpunkt seiner Existenz auf Meditation, Aufhebung des Leids und Überwindung der menschlichen Leidenschaften legt, vielleicht näher in Kontakt zu Gott, als wir dies bisher wahrhaben oder zugestehen wollten?

An dieser Stelle dürfen wir einen ausgezeichneten Text des II. Vatikanischen Konzils zu Rate ziehen. In der Erklärung „Nostra aetate" über die nichtchristlichen Religionen heißt es unter anderem: „Von den ältesten Zeiten bis zu unseren Tagen findet sich bei den verschiedenen Völkern eine gewisse Wahrnehmung jener verborgenen Macht, die dem Lauf der Welt und den Ereignissen des menschlichen Lebens gegenwärtig ist, und nicht selten findet sich auch die Anerkenntnis einer höchsten Gottheit oder sogar eines Vaters. Diese Wahrnehmung und Anerkenntnis durchtränkt ihr Leben mit einem tiefen religiösen Sinn. Die trotz alles Chaotischen dennoch höchst sinnvolle Schöpfungsordnung ist ein starker Gottesbeweis. Im Zusammenhang mit dem Fortschreiten der Kultur suchen die Religionen mit genaueren Begriffen und in einer mehr durchgebildeten Sprache Antwort auf die gleichen Fragen. So erforschen im Hinduismus die Menschen das göttliche Geheimnis und bringen es in einem unerschöpflichen Reichtum von Mythen und in tiefdringenden philosophischen Versuchen zum Ausdruck und suchen durch aszetische Lebensformen oder tiefe Meditation oder liebend-vertrauende Zuflucht zu Gott Befreiung von der Enge und Beschränktheit unserer Lage. In den verschiedenen Formen des Buddhismus wird das radikale Ungenügen der veränderlichen Welt anerkannt und ein Weg gelehrt, auf dem die Menschen mit frommem und vertrauendem Sinn entweder den Zustand vollkommener Befreiung zu erreichen oder – sei es durch eigene Bemühung, sei es vermittels höherer Hilfe – zur höchsten Erleuchtung zu gelangen vermögen. So sind auch die übrigen in der ganzen Welt verbreiteten Religionen bemüht, der Unruhe des menschlichen Herzens auf verschiedene Weise zu begegnen, indem sie Wege weisen: Lehren und Lebensregeln sowie auch heilige Riten. Die katholische Kirche lehnt nichts von alledem ab, was in diesen Religionen wahr und heilig ist. Mit aufrichtigem Ernst betrachtet sie jene Handlungs- und Lebensweisen, jene Vorschriften und Lehren, die zwar in manchem von dem abweichen, was sie selber für wahr hält und lehrt, doch nicht selten einen Strahl jener Wahrheit erkennen lassen, die alle Menschen erleuchtet. Unablässig aber verkündet sie und muss sie verkündigen Christus, der ist der Weg, die Wahrheit und das Leben *(Joh 14, 6)*, in dem die Menschen die Fülle des religiösen Lebens finden, in dem Gott alles mit sich versöhnt hat. Deshalb mahnt sie ihre Söhne, dass sie mit Klugheit und Liebe, durch Gespräch und Zusammenarbeit mit den Bekennern anderer Religionen sowie durch ihr Zeugnis des christlichen Glaubens und Lebens jene geistlichen und sittlichen Güter und auch die sozial-kulturellen Werte, die sich bei ihnen finden, anerkennen, wahren und fördern." Hier finden die Glaubensüberzeugung vom göttlichen Licht und die Rede vom Strahl jener Wahrheit, die alle Menschen erleuchtet, zu vollständiger Identität.

66. Mit Gott wesensverwandt

Der „Gott in uns" *(vgl. Lk 17, 21)*, der Heilige Geist und damit die Seele des Menschen sind mit Gott wesensverwandt. Zwar ist der Mensch nicht Gott, aber seine Seele ist ein Teil von ihm. Zwar ist der Heilige Geist nicht die Seele, aber ein Teil von ihm. Zwar ist der Heilige Geist nicht mit Gott identisch, sondern ein Teil von ihm, vom Anfang der Schöpfung an von ihm ausgehend und in einem ewigen Prozess unterwegs zu ihm, zu ihm zurückkehrend und die Seelen alles Geschaffenen zu ihm zurückführend. So schließt sich der Kreis. So kommt Gott, der Schöpfer, in seiner Schöpfung vollständig und fortwährend zu sich selbst. „Die Ehre Gottes ist der lebendige Mensch," *(lat. gloria Dei vivens homo)* wie der lateinische Kirchenvater Irenäus von Lyon sagte. Deshalb ist Selbsterkenntnis ein Dienst an der Gotteserkenntnis, menschliches Bewusstsein ein Teil des göttlichen Bewusstseins.

67. Vom Kind zum Erwachsenen

Wo der Gottesglaube im Sinne Freuds alte Vaterbilder, Vaterkomplexe oder frühe Elternbindungen reaktiviert, kann Religion zur Regression werden, zum Rückfall in frühkindliche Denkmodelle, Gefühlskomplexe und Verhaltensmuster. Dagegen steht die Einsicht des Apostels Paulus vom erwachsenen Glauben: „Als ich ein Kind war, redete ich wie ein Kind, dachte wie ein Kind und urteilte wie ein Kind. Als ich ein Mann wurde, legte ich ab, was Kind an mir war." *(1 Kor 13, 11)* Dennoch lässt sich mit kritischem Blick beobachten, dass bestimmte Formen der Religionsausübung einen Gläubigen tatsächlich rückständig, unreif, infantil, naiv, zurückgeblieben, narzisstisch selbstverliebt und im Stand der Pubertät verkümmert erscheinen lassen können. Das macht mich nachdenklich und bestärkt mich zugleich in der Überzeugung, dass ich im Licht Gottes zu einem mündigen Gläubigen heranreifen kann.

68. Unsterbliche Gottesgene

„Erhabener Gott, durch die Feier des heiligen Opfers gewährst du uns Anteil an deiner göttlichen Natur. Gib, dass wir dich nicht nur als den einen wahren Gott erkennen, sondern unser ganzes Leben nach dir ausrichten." *(Oration in der Osterzeit)* Gott gewährt uns Anteil an seiner göttlichen Natur. Das erinnert an die berühmte Definition des Boethius: „Die Person ist der unverwechselbare Wesensgrund der vernunftbegabten Natur." *(lat. persona est rationalis naturae individua substantia)* Anders gesagt: Durch meine Seele habe ich Anteil an der ewigen göttlichen Weisheit. In meiner Seele kommt Gott zu sich. Jesus Christus sah sich eins mit diesem Gott, seinem Schöpfer, den er seinen Vater nannte. Er wollte alle, die an ihn glauben und ihn lieben, in das Reich Gottes hineinziehen, das da ist das Reich des Lichtes und des Friedens. „Wer an mich glaubt, glaubt nicht an mich, sondern an den, der mich gesandt hat, und wer mich sieht, sieht den, der mich gesandt hat. Ich bin das Licht, das in die Welt gekommen ist, damit jeder, der an mich glaubt, nicht in der Finsternis bleibt... Denn was ich gesagt habe, habe ich nicht aus mir selbst, sondern der Vater, der mich gesandt hat, hat mir aufgetragen, was ich sagen und reden soll. Und ich weiß, dass sein Auftrag ewiges Leben ist. Was ich also sage, sage ich so, wie es mir der Vater gesagt hat." *(Joh 12, 44-46. 49-50)* Gottes Auftrag ist ewiges Leben. Leben in der Offenbarung Jesu Christi ist unvergänglich und ewig. Es krempelt die gängige Weltanschauung um, die sich mit der Endlichkeit, Sterblichkeit, Unzulänglichkeit und Hinfälligkeit des Lebens abfinden möchte. Wo wir aber mit den Worten des amerikanischen Genetikers Dean Hammer Träger unsterblicher Gottes-Gene sind, da gewinnt jeder Daseinsentwurf eine neue Wertigkeit, neuen Ernst und neues Verantwortungsbewusstsein. Mit großer Leidenschaft spüre ich dieser Berufung zur Unsterblichkeit nach, die mein gesamtes kognitives Konzept umgestaltet und neu ordnet. Es macht einen riesigen Unterschied, ob ich die Linearität meiner Existenz mit dem Augenblick meines Todes für abgeschlossen und erledigt halte, oder ob ich diese Linie über den Tod hinaus ziehe und mich in

Neugierde, Begeisterung und grandioser Hoffnung nach dem ausstrecke, was jenseits der materiellen Existenz im Reich des Geistes für mich bereitliegt und verfügbar ist. „Christus will ich erkennen und die Macht seiner Auferstehung und die Gemeinschaft mit seinen Leiden; sein Tod soll mich prägen. So hoffe ich, auch zur Auferstehung von den Toten zu gelangen. Nicht dass ich es schon erreicht hätte oder dass ich schon vollendet wäre. Aber ich strebe danach, es zu ergreifen, weil auch ich von Christus Jesus ergriffen worden bin. Brüder, ich bilde mir nicht ein, dass ich es schon ergriffen hätte. Eines aber tue ich: Ich vergesse, was hinter mir liegt, und strecke mich nach dem aus, was vor mir ist. Das Ziel vor Augen, jage ich nach dem Siegespreis: der himmlischen Berufung, die Gott uns in Christus Jesus schenkt.“ *(Phil 3, 10-14)*

69. Konzentration auf das Licht

Gott ist Licht. Auf dieses Licht gilt es sich zu konzentrieren und sich von den es umgebenden Finsternissen weder ablenken noch hinunterziehen zu lassen. Zwar mahnt uns die Psychoanalyse vor unheilvollen Verdrängungen. Jedoch besteht eine gesunde und zielgerichtete Weltanschauung eben gerade darin, das Nebensächliche beiseite zu lassen und sich auf das Wesentliche zu konzentrieren. Wer das Ziel erreichen will, muss auch gezielt fokussieren können und muss alles Störende, Irritierende und Nebensächliche außer Acht lassen. Deshalb bin ich jederzeit gerne bereit, alle nekrotischen Anteile meines Daseins, die sich meiner bemächtigen wollen, gezielt zu ignorieren und mich dagegen vom Licht Gottes anziehen zu lassen. „Denn Gott der Herr ist Sonne und Schild. Er schenkt Gnade und Herrlichkeit; der Herr versagt denen, die rechtschaffen sind, keine Gabe.“ *(Ps 84, 12)* „Die Nacht ist vorgerückt, der Tag ist nahe. Darum lasst uns ablegen die Werke der Finsternis und anlegen die Waffen des Lichts.“ *(Röm 13, 12)* „Vor allem greift zum Schild des Glaubens! Mit ihm könnt ihr alle feurigen Geschosse des Bösen auslöschen. Nehmt den Helm des Heils und das Schwert des Geistes, das ist das Wort Gottes." *(Eph 6, 16-17)* „Wir aber, die dem Tag gehören, wollen nüchtern sein und uns rüsten mit dem Panzer des Glaubens und der Liebe und mit dem Helm der Hoffnung auf das Heil." *(1 Thess 5, 8)*

70. Der österliche Mensch

Gott ist Licht. Aus dieser Offenbarung und Glaubensüberzeugung erwächst das Plädoyer für eine österliche Geisteshaltung. In ihr ist das Wunder der Auferstehung nicht nur ein historisch einmaliges Ereignis, sondern eine durch und durch vom unsterblichen Geist Gottes getragene und erfüllte Weltanschauung. Auferstehung ist das Ziel und die Berufung des menschlichen Daseins. Auferstehung ist „der Schatz im Acker" *(Mt 13, 44)* und die „kostbare Perle." *(Mt 13, 46)* Es ist der uns Menschen wie aller lebendigen Schöpfung angeborene Überlebenstrieb, der jederzeit bereit steht, um der drohenden Nekrophilie, der betörenden tödlichen Süßigkeit der Vernichtung entgegenzutreten und sie zu überwinden. „Leben und Tod lege ich dir vor, Segen und Fluch. Wähle also das Leben, damit du lebst, du und deine Nachkommen. Liebe den Herrn, deinen Gott, hör auf seine Stimme und halte dich an ihm fest; denn er ist dein Leben. Er ist die Länge deines Lebens, das du in dem Land verbringen darfst, von dem du weißt: Der Herr hat deinen Vätern Abraham, Isaak und Jakob geschworen, es ihnen zu geben." *(Dtn 30, 19-20)*

Gerne reihe ich mich in die Schar der Väter des Glaubens ein, die sich bewusst, mit ganzem Herzen und ganzer Seele an Gott gebunden haben, weil sie wussten, was Christus im Gleichnis vom Weinstock zum Ausdruck gebracht hat: „Ich bin der Weinstock, ihr seid die Reben. Wer in mir bleibt und in wem ich bleibe, der bringt reiche Frucht; denn getrennt von mir könnt ihr nichts vollbringen. Wer nicht in mir bleibt, wird wie die Rebe weggeworfen und er verdorrt. Man sammelt die Reben, wirft sie ins Feuer und sie verbrennen. Wenn ihr in mir bleibt und wenn meine Worte in euch bleiben, dann bittet um alles, was ihr wollt: Ihr werdet es erhalten. Mein Vater wird dadurch verherrlicht, dass ihr reiche Frucht bringt und meine Jünger werdet.“ *(Joh 15, 5-8)*

71. Gegen die Destruktivität

Der Psychoanalytiker Erich Fromm hat in seiner „Anatomie der menschlichen Destruktivität“ den Finger in eine Wunde gelegt, die tief im Körper fragwürdiger Kirchenstrukturen zu finden ist. Der Drang, alles reglementieren zu wollen, selbst und eigenmächtig Herr über Leben und Tod, über Lohn und Strafe, über Himmel und Hölle sein zu wollen, ist ebenso wahnsinnig wie zerstörerisch. Das geht bis in den Totenkult und den Reliquienkult der kirchlichen Traditionen hinein. Wie kann das Christentum als ausgewiesene Religion der Gottesliebe und Nächstenliebe im Verlauf ihrer Geschichte nur so weit gesunken sein, Religionskriege zu führen und Menschen im Namen Gottes zu verfolgen, zu foltern und zu töten? Wie konnten getaufte Christen Konzentrationslager errichten, um Juden fabrikmäßig zu vergasen und zu verbrennen? Die Nekrophilie, also die Liebe zum Toten als krasser Gegensatz zur Biophilie, der Liebe zum Lebendigen, erscheint dabei wie ein immer neu aufbrechendes Krebsgeschwür am Leibe Christi. Erich Fromm erklärt: „Die Nekrophilie kann man im charakterologischen Sinn definieren als das leidenschaftliche Angezogenwerden von allem, was tot, vermodert, verwest und krank ist; sie ist die Leidenschaft, das, was lebendig ist, in etwas Unlebendiges umzuwandeln; zu zerstören um der Zerstörung willen; das ausschließliche Interesse an allem, was rein mechanisch ist. Es ist die Leidenschaft, lebendige Zusammenhänge mit Gewalt entzwei zu reißen.“ In seinen Ausführungen „Zum Verständnis von seelischer Gesundheit“ schreibt Fromm: „Jeder Mensch ist auch fähig, sich vom Toten anziehen zu lassen, wenn es ihm nicht gelingt, seine primäre Möglichkeit zur Entwicklung zu bringen, nämlich sich auf das Leben zu beziehen als etwas, das ihn interessiert und ihm Freude macht, und wenn er seine Kräfte der Vernunft und Liebe nicht entwickeln kann. Gelingt ihm dies nicht, dann neigt der Mensch dazu, eine andere Weise des Bezogenseins zu entwickeln: das Leben zu zerstören. Auch im Zerstören transzendiert er das Leben. Der Mensch kann das Leben transzendieren, indem er neues Leben schafft oder indem er Leben zerstört." An dieser Stelle sind Gewissenserforschung und Umkehr gefragt, um die Kirche als die ewig junge und herrliche Braut Christi ständig zu erneuern und aller Nekrophilie die wahrhaft prophetische Geisteshaltung des reinen Herzens um des Himmelreiches willen entgegenzusetzen: „Von Herzen will ich mich freuen über den Herrn. Meine Seele soll jubeln über meinen Gott. Denn er kleidet mich in Gewänder des Heils, er hüllt mich in den Mantel der Gerechtigkeit, wie ein Bräutigam sich festlich schmückt und wie eine Braut ihr Geschmeide anlegt. Denn wie die Erde die Saat wachsen lässt und der Garten die Pflanzen hervorbringt, so bringt Gott, der Herr, Gerechtigkeit hervor und Ruhm vor allen Völkern." *(Jes 61, 10-11)* Wir halten zu Gott als dem wahren „Freund des Lebens." *(Weis 11, 26)* Nur so können wir in der Gemeinschaft der Glaubenden alles Aggressive, Selbstzerstörerische und Lebensfeindliche überwinden, wie ein intaktes Immunsystem, das die Krankheiten des Leibes Christi zu heilen versteht.

72. Fortschritt im Bewusstsein der Freiheit

Georg Wilhelm Friedrich Hegel schreibt in seiner „Philosophie der Geschichte": „Die Weltgeschichte ist der Fortschritt im Bewusstsein der Freiheit." Die wahre Freiheit des Geistes besteht in der Erkenntnis, dass meine Seele am unsterblichen Wesen Gottes Anteil hat. In dieser Erkenntnis zu erstarken und fortzuschreiten ist der wahre und einzige Gottesdienst. Nicht von ungefähr trägt die amerikanische Freiheitsstatue den Titel „Freiheit erleuchtet die Welt." *(engl. liberty enlightening the world)* Die berühmte Sockelinschrift lautet: „Gebt mir eure Müden, eure Armen, eure geknechteten Massen, die frei zu atmen begehren, die bemitleidenswerten Abgelehnten eurer gedrängten Küsten; schickt sie mir, die Heimatlosen, vom Sturme Getriebenen, hoch halte ich mein Licht am goldenen Tore!" „Der Herr aber ist der Geist, und wo der Geist des Herrn wirkt, da ist Freiheit." *(2 Kor 3, 17)* Der Jakobusbrief spricht sogar vom „vollkommenen Gesetz der Freiheit": „Hört das Wort nicht nur an, sondern handelt danach; sonst betrügt ihr euch selbst. Wer das Wort nur hört, aber nicht danach handelt, ist wie ein Mensch, der sein eigenes Gesicht im Spiegel betrachtet: Er betrachtet sich, geht weg und schon hat er vergessen, wie er aussah. Wer sich aber in das vollkommene Gesetz der Freiheit vertieft und an ihm festhält, wer es nicht nur hört, um es wieder zu vergessen, sondern danach handelt, der wird durch sein Tun selig sein." *(Jak 1, 22-25)*

73. Keine verdammte Masse

Die Einsicht, dass Gott in allem Geschaffenen seelisch gegenwärtig ist, erweist ihre Stärke gerade dann, wenn das Leben auf die Bandbreite alles Geschaffenen ausgedehnt wird. Demnach ist die Schöpfung als Ganze keine der Verdammnis anheimgegebene Masse *(lat. massa damnata)*, sondern ein geheimnisvoller Ort von Gottes Gegenwart. Dadurch wird auch das ewige Rätsel gelöst, was mit jenen Daseinsbereichen geschehen soll, die zu so etwas wie Bewusstsein oder Vernunftgebrauch nicht fähig sind. Diese Daseinsbereiche können ja aus dem ewigen Schöpfungsplan nicht einfach herausdividiert oder gelöscht werden. Es ist schon immer fragwürdig, wie es sein kann, dass das ewige Heil eines Geschöpfes einzig allein davon abhängig sein soll, ob es die Worte der göttlichen Offenbarung lesen, intellektuell erfassen, verstehen oder begreifen kann. Für das ewige Heil kann weder die Fähigkeit zu einem moralischen Urteil noch der Vernunftgebrauch als solcher maßgeblich sein. Insofern erscheint es zweifelhaft, ob ein Mensch einzig wegen seiner moralisch verwerflichen Fehler oder seiner bösen Taten das ewige Seelenheil verspielt haben soll. Mag ein Lebenslauf auch noch so defizitär oder im moralischen Sinne krank gewesen sein – es kann doch nicht völlig aus der Hand Gottes herausfallen, weil, wie gesagt, Gott in allem Lebendigen zu sich selbst kommt und alles, was sich gegen das Leben versündigt, höchstens als defizitär, krank oder gestört wahrgenommen werden kann, aber nicht als gottfern, ungöttlich, sinnlos oder verdammt. Das Auge Gottes sieht auch da einen guten Kern, wo unser menschlicher Verstand vielleicht keinen tieferen Sinn zu erkennen vermag. Davon spricht auch Rainer Maria Rilke in seinem Gedicht *Herbst*: „Die Blätter fallen, fallen wie von weit, als welkten in den Himmeln ferne Gärten; sie fallen mit verneinender Gebärde. Und in den Nächten fällt die schwere Erde aus allen Sternen in die Einsamkeit. Wir alle fallen. Diese Hand da fällt. Und sieh dir andre an: es ist in allen. Und doch ist Einer, welcher dieses Fallen unendlich sanft in seinen Händen hält."

74. Keine Selbsterlösungslehre

Der Überzeugung, dass Gott durch seinen Heiligen Geist in allen Teilen seiner Schöpfung beständig gegenwärtig ist, könnte der Vorwurf gemacht werden, es handle sich dabei um eine billige Selbsterlösungslehre, um Pantheismus, Animismus, Esoterik oder um Pelagianismus. Der Brite Pelagius war ein antiker christlicher Asket. Er war von der sittlichen Freiheit des Menschen überzeugt. Er lehnte die Erbsünde ab und behauptete, der Mensch könne durch eigene Bemühungen zum Heil gelangen. Wer die eigenen, persönlichen Bemühungen eines Gläubigen, Gott nahe zu sein, abwertet und dagegen behauptet, Gott allein könne im Menschen das Gute bewirken und ohne das gnadenhafte Heilshandeln Gottes gäbe es keine Erlösung, geht jedoch von einer völlig falschen Fragestellung aus. Die Lösung kann nur darin liegen, dass Gott in allem Geschaffenen auf geistig-seelische Weise beständig gegenwärtig ist, sodass nichts und niemand aus seiner Gnade herausfallen kann. Nicht der Mensch erlöst sich selbst, sondern Gott ist es, der in seiner Schöpfung sich selbst erlöst. Dieser radikale Perspektivenwechsel unter dem Gesichtspunkt und im Blickwinkel des Ewigen *(lat. sub specie aeternitatis)* ist wahrhaft heilsam und erlösend.

75. Mut zur Wahrheit

„Es ist der Geist der Wahrheit." *(Joh 14, 17)* Das sind Worte wie Glockenschläge. Es ist schlicht und einfach wahr: Gott ist da. Gott lebt. Der Geist der Wahrheit hebt die Offenbarung Jesu Christi von Gott als seinem Vater nochmals auf eine höhere Ebene, stellt sie in ein neues Licht und gibt ihr eine höhere Dimension. Jesus Christus redet nicht nur von Gott, weil er etwas über ihn gelesen oder von ihm gehört hätte, weil er über ihn nachgedacht oder meditiert hätte. Nein, für Jesus ist Gott höchst wahre und realistische Gegenwart, ein Stück seines Lebens, ein lebendiger Teil seiner Persönlichkeit. Gott ist für ihn das schlechthin Offensichtliche, pure Evidenz. Gott ist für Jesus so real gegenwärtig wie die Sonne, wie die Berge, wie die Menschen. Insofern kann Jesus Christus als Vater aller Mystiker gelten. Immer wieder bricht sich dabei das Kernanliegen der Nachfolge Christi Bahn: mit den Augen Jesu den Vater zu sehen. In der Tat will Jesus uns an seiner Gottesbeziehung teilhaben lassen: „Wenn jemand mich liebt, wird er an meinem Wort festhalten; mein Vater wird ihn lieben und wir werden zu ihm kommen und bei ihm wohnen." *(Joh 14, 23)* Deshalb kann der Apostel Paulus auch bestätigen: „Ihr habt den Geist empfangen, der euch zu Söhnen macht, den Geist, in dem wir rufen: Abba, Vater! So bezeugt der Geist selber unserem Geist, dass wir Kinder Gottes sind.

Sind wir aber Kinder, dann auch Erben; wir sind Erben Gottes und sind Miterben Christi, wenn wir mit ihm leiden, um mit ihm auch verherrlicht zu werden." *(Röm 8, 15-17)* Der Apostel Petrus bekräftigt: „Ihr aber seid ein auserwähltes Geschlecht, eine königliche Priesterschaft, ein heiliger Stamm, ein Volk, das sein besonderes Eigentum wurde, damit ihr die großen Taten dessen verkündet, der euch aus der Finsternis in sein wunderbares Licht gerufen hat." *(1 Petr 2, 9)*

76. Die Hölle, das sind die anderen

In dem Einakter „Bei geschlossenen Türen" des französischen Existentialisten Jean-Paul Sartre kommt Garcin zu der fürchterlichen Erkenntnis: „Also dies ist die Hölle. Niemals hätte ich geglaubt... Ihr entsinnt euch: Schwefel, Scheiterhaufen, Bratrost... Ach, ein Witz! Kein Rost erforderlich, die Hölle, das sind die andern." Die Hölle, das sind die andern. Gewiss hat das, was wir mit Hölle, Fegefeuer, ewiger Verdammnis und seelischem Leid verbinden, sehr viel mit unseren traumatischen Verwundungen zu tun, in Auseinandersetzung mit der Welt, in der wir leben, insbesondere mit den Menschen, die uns verletzt haben. Fortan treibt uns die Angst, ja der Horror, ja nicht noch einmal so abhängig, verwundbar, hilflos und völlig ausgeliefert jenen Idioten gegenüber zu sein, die sich lieber an anderen abreagieren, anstatt vor ihrer eigenen Tür zu kehren. Doch gerade da, wo der Mensch dem Menschen zum Wolf wird *(lat. homo homini lupus)*, sagt Gott nochmals seine Nähe und seine unverbrüchliche Treue zu: „Ein zerbrochenes und zerschlagenes Herz wirst du, Gott, nicht verschmähen." *(Ps 51, 19)* Mit Gott an meiner Seite kann ich sagen: „Auch wenn ich gehe im finsteren Tal, ich fürchte kein Unheil; denn du bist bei mir, dein Stock und dein Stab, sie trösten mich." *(Ps 23, 4)* Das ist gleichsam der Ernstfall des Lichts, das mit der Gegenwart Gottes nicht nur heilt und befreit, sondern auch Durststrecken und Kreuzwege durchzustehen hilft.

77. Glaube und Vernunft

Papst Johannes Paul II. schrieb in seiner Enzyklika „Fides et Ratio“: „Glaube und Vernunft sind wie die beiden Flügel, mit denen sich der menschliche Geist zur Betrachtung der Wahrheit erhebt. Das Streben, die Wahrheit zu erkennen und letztlich ihn selbst zu erkennen, hat Gott dem Menschen ins Herz gesenkt, damit er dadurch, dass er Ihn erkennt und liebt, auch zur vollen Wahrheit über sich selbst gelangen könne *(vgl. Ex 33, 18; Ps 27, 8-9; Ps 63, 2-3; Joh 14, 8; 1 Joh 3, 2).*“ In der Gottesmystik wird eine tiefere Einheit zwischen göttlicher und menschlicher Vernunft angestrebt. Das erhebt den Geist zu neuer Würde, lässt mich meine Seele überhaupt erst erkennen und klarer verstehen und macht mich mit dem Wesen Gottes vertraut.

78. Licht, Geist und Liebe

Wenn die johanneische Theologie sagt: „Gott ist Licht,“ *(1 Joh 1, 5)*, so sind damit zwei weitere elementare Eigenschaften verbunden, die diesem Licht eignen: „Gott ist Geist“ *(Joh 4, 24)* und „Gott ist die Liebe“ *(1 Joh 4, 8)*. Meines Erachtens sind dies in der Tat wahrnehmbare Eigenschaften des göttlichen Lichts. Einerseits ist dieses Licht, das von Gott ausgeht und meine Seele trifft, aus einer höheren, geistigen, unstofflichen, über die Materie erhabenen Sphäre herkommend und deshalb Geist. Andererseits hat dieses milde Licht sympathische, liebevolle, fürsorgliche Züge, und deshalb ist es Liebe – die Sympathie des mich umgebenden Kosmos. Wie gesagt sind dies sozusagen Erscheinungsformen des Ersten und Ursprünglichen, und das ist das göttliche Licht. Dabei gilt es jedoch, zwei Missverständnisse aufzuklären, die sich mit Geist und Liebe verbinden können. Erstens ist Gott nicht Geist in dem Sinn, dass er lediglich einer intellektuellen Minderheit zugänglich wäre. Davor bewahrt uns die Einsicht in die Allgegenwart Gottes, dessen Heiliger

Geist alles zu durchdringen vermag und deshalb weder Sprachbarrieren noch Verständnisschwierigkeiten kennt. Zweitens ist die Liebe, die Gott ausstrahlt, nicht mit dem zu verwechseln, was Religionsfunktionäre und Apparatschiks gerne als moralische Keule schwingen und als Totschlagargument für die völlige Verderbtheit der menschlichen Natur ins Feld führen. Wenn sie von Liebe sprechen, meinen sie damit immer nur den bedauernswerten Mangel an Liebe, den sie moralinsauer ihren Mitmenschen zum Vorwurf machen nach dem Motto: „Gott ist die Liebe, und du bist ein so schlechter Mensch. Schäm dich mal und zeig mehr Liebe." Vor all diesen Missverständnissen bewahrt uns die wahrhaftige und ursprüngliche Gottesmystik, also die Schau Gottes „von Angesicht zu Angesicht." *(Gen 32, 31; 1 Kor 13, 12)* Für sie sind Licht, Geist und Liebe zuerst wahrnehmbare Eigenschaften Gottes und dann erst Werte oder Tugenden für das zwischenmenschliche Zusammenleben. Für diese Geisteshaltung kommt Kontemplation vor Aktion, Sein vor Haben, Realität vor Tradition, Erkennen vor Reden und Handeln. Man könnte auch sagen: Die Induktion als Schluss von der speziellen individuellen Gotteserfahrung auf die allgemeine Natur des Seins als Schöpfung steht vor der Deduktion, die von der Allgemeinheit der Naturvorgänge auf den speziellen Fall Gottes schließt, was Gott fälschlicherweise zur rein additiven Summe aller Naturvorgänge machen würde. Hier ist jedoch der qualitative Sprung *(lat. hiatus)* auf die je höhere Seins- und Bewusstseinsebene zu beachten, also das, was man als *Emergenz* oder als kreative, neue, höherwertige Wirklichkeit bezeichnet. Bei dieser Differenzierung kann man auch vom theozentrischen Ansatz im Gegensatz zum kosmologischen Ansatz sprechen.

79. Geburtswehen der Schöpfung

Kreationisten sprechen gern von „Gestaltung durch einen intelligenten Urheber" *(engl. intelligent design)* als Beweis für die

Existenz eines Schöpfergottes. Sie gehen dabei deduktiv vor und schließen von der allgemein erfahrbaren intelligenten Formgebung in der Natur auf das Vorhandensein einer übergeordneten, höherwertigen, personalen Intelligenz. Diese Weltanschauung bereitet deswegen Unbehagen, weil sie den Zufall und das oft so unintelligente Chaos, ja auch die sinnlosen destruktiven Kräfte einfach ausblenden muss, um die Vorstellung von einer durchdachten Schöpfung aufrecht erhalten zu können. Wer dagegen induktiv vorgeht, der setzt bei der speziellen Gotteserfahrung an und schließt von ihr auf die allgemeine Schöpfung. Der Gottesmystiker wirft sozusagen den Anker seiner Bewusstseinskräfte in Gott hinein und zieht von dort her alles zu Gott. Gottesmystik ist der Versuch, „die dargebotene Hoffnung zu ergreifen. In ihr haben wir einen sicheren und festen Anker der Seele, der hineinreicht in das Innere hinter dem Vorhang; dorthin ist Jesus für uns als unser Vorläufer hineingegangen." *(Hebr 6, 19-20)* Für ein theozentrisches Weltbild erscheint das Böse in der Welt nicht länger als Problem, sondern als Teil einer höherwertigen Lösung, nämlich im Sinne von Geburtswehen: „Die Schöpfung ist der Vergänglichkeit unterworfen, nicht aus eigenem Willen, sondern durch den, der sie unterworfen hat; aber zugleich gab er ihr Hoffnung: Auch die Schöpfung soll von der Sklaverei und Verlorenheit befreit werden zur Freiheit und Herrlichkeit der Kinder Gottes. Denn wir wissen, dass die gesamte Schöpfung bis zum heutigen Tag seufzt und in Geburtswehen liegt. Aber auch wir, obwohl wir als Erstlingsgabe den Geist haben, seufzen in unserem Herzen und warten darauf, dass wir mit der Erlösung unseres Leibes als Söhne offenbar werden." *(Röm 8, 20-23)*

80. Das Glück der Gottesmystik

Die Erkenntnismethode der Gottesmystik lässt sich am treffendsten als „Leben im Fluss" *(engl. flow)* bezeichnen, als spielerisch strömendes Glücksgefühl gesteigerter Konzentration, völliger Leichtigkeit und Selbstvergessenheit. Es ist dieses besondere Wahrnehmen, eben als Mystik, in dem sich intuitive, visionäre, kontemplative und konzentrierte Kräfte verbinden. Biblisch untermauert wird diese Geisteshaltung im Lebenskreislauf des Weinstocks: „Bleibt in mir, dann bleibe ich in euch. Wie die Rebe aus sich keine Frucht bringen kann, sondern nur, wenn sie am Weinstock bleibt, so könnt auch ihr keine Frucht bringen, wenn ihr nicht in mir bleibt. Ich bin der Weinstock, ihr seid die Reben. Wer in mir bleibt und in wem ich bleibe, der bringt reiche Frucht; denn getrennt von mir könnt ihr nichts vollbringen." *(Joh 15, 4-5)* Zusätzlich kommt dabei die aufbauende Wirkung der Gottesmystik ins Spiel. Gott zu sehen und mit Gott wesensmäßig verbunden zu sein bedeutet, zu wachsen, zu reifen, reiche Frucht zu bringen.

Ein frühchristlicher Christushymnus aus der Mitte des 2. Jahrhunderts bezeichnet das Licht, das aus Gott hervorgeht, sogar als heiteres Licht. *(griech. phos hilaron)* Das ist ein Ergebnis mystischer Gottesschau. In der Tat eignet der Gegenwart Gottes eine heitere, liebevolle, freundliche und friedfertige Gelassenheit, die der Seele gut tut. „Bei Gott allein kommt meine Seele zur Ruhe, von ihm kommt mir Hilfe." *(Ps 62, 2)* „Jetzt aber seid ihr heimgekehrt zum Hirten und Bischof eurer Seelen." *(1 Petr 2, 25)*

81. Der gedachte Gott und der Ort Gottes

In seinem Buch „Der gedachte Gott" erläutert der amerikanische Hirnforscher Andrew Newberg, wie Glaube im Gehirn entsteht. Das ist insofern von Bedeutung, als nach der Auffassung der Gottesmystik das mithilfe des Gehirns erzeugte Bewusstsein sozusagen der sensible Empfänger für den Sender Gottes ist. Aber das Gehirn ist nicht Gott. Ein bloß gedachter Gott hätte für die überwältigende Mehrheit des Seins, das ja gänzlich ohne Denkvermögen ist, überhaupt keine Relevanz. Deshalb muss Gott objektiv existieren, also außerhalb meiner subjektiven Wahrnehmung. Und existieren, wenn auch in noch lange nicht erkannter mikrokosmischer oder makrokosmischer Weise, muss er auch. Denn ich nehme Gott ja wahr. Gott muss also einen Ort haben. Folglich ist so etwas wie Paradies oder Himmelreich zwingend erforderlich, als Quelle, aus der das von Gott wahrnehmbare Licht seiner Gegenwart und seiner liebevollen Persönlichkeit hervorströmt. Der eigentliche Ort Gottes, die Quelle jenes Lichts, das ich wahrnehme und das irgendwoher von außerhalb kommen muss, von jenseits der Welt, ist das Paradies, das Himmelreich. Auch hier bewährt sich das Konzept der existentiellen Differenz zwischen Ich und Du, Innen und Außen, subjektiver und objektiver Realität. Jesus Christus kannte jenen Ort Gottes. Zu seinen Jüngern sagte er: „Im Haus meines Vaters gibt es viele Wohnungen. Wenn es nicht so wäre, hätte ich euch dann gesagt: Ich gehe, um einen Platz für euch vorzubereiten? Wenn ich gegangen bin und einen Platz für euch vorbereitet habe, komme ich wieder und werde euch zu mir holen, damit auch ihr dort seid, wo ich bin." *(Joh 14, 2-3)* Zum Schächer am Kreuz sagte Jesus: „Heute noch wirst du mit mir im Paradies sein." *(Lk 23, 43)* Jesus hat also von den ewigen Wohnungen gewusst, die bei Gott für uns vorbereitet sind. Dort ist Gott dann auf ewig zu sich selbst gekommen. Nur mit einer gewissen Vorstellung, ja Verortung vom Paradies ist das räumlich-zeitliche Vorstellungsvermögen einer Weltanschauung oder eines Weltbildes vollständig ausgebildet. Ein „Himmel im Herzen" ist zu schwach. Das Paradies ist der Thron Gottes, genial und stark geschaut in der Geheimen Offenbarung des Johannes: „Er, der auf dem Thron saß, sprach: Seht, ich mache alles neu." *(Offb 21, 5)* Erst aus dem konkreten räumlichen Vorstellungsvermögen dessen, was wir den Ort Gottes irgendwo da draußen im Universum nennen, wird verständlich, warum es so etwas wie ein Heimweh nach Gott gibt. „Denn wir haben hier keine Stadt, die bestehen bleibt, sondern wir suchen die künftige." *(Hebr 13, 14)* „Unsere Heimat aber ist im Himmel. Von dorther erwarten wir auch Jesus Christus, den Herrn, als Retter, der unseren armseligen Leib verwandeln wird in die Gestalt seines verherrlichten Leibes, in der Kraft, mit der er sich alles unterwerfen kann." *(Phil 3, 20-21)* Das

Heimweh nach Gott, fälschlich als Jenseitsvertröstung gebrandmarkt, hat hier seinen Sitz im Leben. Der denkende Mensch hat nicht nur einen Begriff von Gott, sondern insbesondere von jener Wirklichkeit, welche die Bibel beschreibt: „Wie Ehrfurcht gebietend ist doch dieser Ort! Hier ist nichts anderes als das Haus Gottes und das Tor des Himmels.“ *(Ex 28, 17)* Ebenso inspiriert wie intuitiv strecke ich mich jener Wirklichkeit entgegen, die voll ist von Gottes Gegenwart, und sei es auch in der fernsten aller Galaxien. Dort ist meine Heimat. Dorthin sehne ich mich zurück.

82. Tod und Auferstehung

Die Klarheit und die jugendliche Frische des Ostermorgens begleiten mich wie ein Schlüsselerlebnis. Insbesondere die Osterlieder wirken auf mich wie Stimmungsträger, die mich durch das Leben begleiten. Bei vielen Trauergottesdiensten erklingt der Choral „Jesus lebt, mit ihm auch ich“ und ich werde wie in einer Zeitreise in jenes wunderbare Land geführt, über dem die Morgensonne der Auferstehung aufgeht. „Verklärt ist alles Leid der Welt, des Todes Dunkel ist erhellt. Der Herr erstand in Gottes Macht, hat neues Leben uns gebracht.“ Diese Liedstrophe von Heinrich Bone fasst zusammen, was an visionären und inspirierenden Impressionen die Feierlichkeiten der Auferstehung Christi begleitet. Als krasser Gegensatz zur Hoffnung auf Auferstehung erscheint mir die Bestattungskultur, ja der Totenkult der Menschheit in ihrer ganzen Ohnmacht. Diese Mischung aus Trauer und Erhabenheit ist für mich ein klarer Beweis dafür, dass ein Leben getrennt von Gott im Nichts endet und letztendlich nur einen leblosen Schauer zurücklässt. Angesichts des Todes äußert sich der Mensch klar und wahr, indem er zum Ausdruck bringt, dass ohne Gott, die Quelle des Lebens, alles in ewiger Finsternis vergeht. Wie weise hat Jesus Christus gesprochen, als er sagte: „Lass die Toten ihre Toten begraben; du aber geh und verkünde das Reich Gottes!“ *(Lk 9, 60)*

Also ist der Gegensatz zwischen Leben und Tod die extremste existentielle Kernspaltung, die sich denken lässt. Erst vor der Finsternis des Todes erscheint das Licht der Auferstehung in seiner umfassenden Bedeutung. Will Gott am Ende das extrem filigrane, sensible und empfindliche Sterbliche, um hier bis ins äußerste Extrem der Gegensätze zu gehen, um selbst extrem sterblich und verletzlich zu werden, damit er alles mit seinem göttlichen Geist auslotet und um so unsterblich und vollständig durchdacht zu sich selbst zu kommen?

83. Weggemeinschaft der Gottsucher

Wir können der Realität Gottes keine Vorschriften machen. Wo alle Philosophen und Theologen von der Unsichtbarkeit, Unbegreiflichkeit und Unerreichbarkeit Gottes sprechen, setzt dem der Feinsinn der Gläubigen *(lat. sensus fidelium)* die Tatsache entgegen, dass Gott erkannt worden und täglich neu erkennbar ist. In der Gemeinschaft der Mystiker und Gottsucher können wir nur möglichst klar und realistisch beobachten, was auf dieser Erde vor sich geht. Ist das der Kampf des Lebens um sein eigenes Überleben? Ist Gott am Ende unvollkommener, kontingenter und hilfsbedürftiger, als wir uns dies eingestehen wollen? Ist dieser unendliche Prozess der Selbstwerdung Gottes aber nicht dennoch unfehlbar, weil er letztlich immer sein Ziel erreicht? Gott leidet in seinen schwächsten, ärmsten und kleinsten Gliedern. Wo bleibt das Immunsystem der Kinder Gottes, die sich unverzüglich auf den Weg machen müssten, um dem Leid zu begegnen? Warum leidet Gott überhaupt in der so hinfälligen, sterblichen Ackerhaut des Globus? Wir können das nur klar und realistisch zur Kenntnis nehmen und daraus die richtigen Schlüsse ziehen. Selbsterkenntnis, Welterkenntnis und Gotteserkenntnis vereinigen sich zu der Einsicht: „Dieses Vergängliche muss sich mit Unvergänglichkeit bekleiden und dieses Sterbliche mit Unsterblichkeit. Wenn sich aber dieses

Vergängliche mit Unvergänglichkeit bekleidet und dieses Sterbliche mit Unsterblichkeit, dann erfüllt sich das Wort der Schrift: Verschlungen ist der Tod vom Sieg. Tod, wo ist dein Sieg? Tod, wo ist dein Stachel?" *(1 Kor 15, 53-55)*

84. Spiritualität der Schöpfung

Gott ist Licht. Diese Aussage begründet eine recht verstandene Spiritualität der Schöpfung. Denn Gottes Licht, sein Heiliger Geist, sein Lebensatem und seine Energie entfalten sich im Prozess der Schöpfung und durchdringen ihn. Insofern vermag ich die Schöpfung erst dann richtig zu ermessen und zu begreifen, wenn ich sie als vom Geist Gottes gewirkt und von diesem Geist erfüllt erkenne. Als Mensch bin ich Teil dieser Schöpfung und deshalb wirkt der Geist Gottes auch in mir und wird so zu jenem Bestandteil meiner Existenz, den wir Seele nennen. Die elementare Begründung dieser Weltanschauung geschah durch die Offenbarung der *Trinität*, des dreifaltigen Gottes. Als Christen glauben wir an Gott, den Vater, den Allmächtigen, Allgegenwärtigen und Alldurchdringenden, den Schöpfer des Himmels und der Erde. Dass Gott der Vater allen Seins und der Vater aller Menschen ist, hat uns Jesus Christus geoffenbart, der sich selbst als Sohn Gottes gesehen hat, eines Wesens mit dem Vater. Als Menschensohn hat Jesus Christus seine Gottessohnschaft jedoch nicht für sich behalten, sondern durch die Sendung des Heiligen Geistes auf die gesamte Menschheitsfamilie „aus allen Stämmen und Sprachen, aus allen Nationen und Völkern" *(Offb 5, 9)* ausgedehnt. Fortan sind wir nicht nur Freunde Jesu Christi, sondern seine Brüder und Schwestern, geistige Söhne und Töchter des Höchsten. *(vgl. Ps 82, 6; Lk 6, 35; Joh 10, 34)*

Spiritualität der Schöpfung bedeutet also, Natur und Kosmos nicht bloß als den Naturgesetzen unterworfene Materie ohne Sinn und Ziel aufzufassen, sondern sie als geistbegabt, vom Heiligen Geist durchdrungen und durch diesen Geist ständig zu Gott dem Vater zurückstrebend wahrzunehmen. Der Heilige Geist, der sich innerhalb der Beziehung von Vater und Sohn ereignet, ist sozusagen die Matrix jener allumfassenden Anwesenheit des Heiligen Geistes in jedem Detail der Schöpfung, nach welcher der Bauplan alles Lebendigen einsehbar und verständlich wird. Im Sinne von Hegels Philosophie kommt Gott in seiner Schöpfung durch den Heiligen Geist in einem immerwährenden, ewigen Prozess zu sich. Gott erwacht in den Seelen alles Lebendigen. Dies geschieht allerdings nicht wie im Animismus, der Allbeseeltheit der Natur, oder wie im Pantheismus, wo Gott mit der Natur identisch ist, sondern im klaren Gegenüber zur Schöpfung. Gott lässt sich von seiner Schöpfung beständig inspirieren, um so ganz zu sich selbst zu kommen und bei sich selbst zu sein, aber er ist nicht mit dieser Schöpfung identisch, wie eben auch der Acker nicht identisch ist mit der Saat, die in ihm aufgeht, und mit der Ernte, die aus ihm eingebracht wird. Gott spricht sich in seiner Schöpfung aus: „Viele Male und auf vielerlei Weise hat Gott einst zu den Vätern gesprochen durch die Propheten; in dieser Endzeit aber hat er zu uns gesprochen durch den Sohn, den er zum Erben des Alls eingesetzt und durch den er auch die Welt erschaffen hat; er ist der Abglanz seiner Herrlichkeit und das Abbild seines Wesens." *(Hebr 1, 1-3)* Dieses Atmen Gottes in seiner Schöpfung, diesen ewigen Genuss, den Gott an seiner Schöpfung hat, nennt die Bibel den Zustand der Herrlichkeit: „Sendest du deinen Geist aus, so werden sie alle erschaffen und du erneuerst das Antlitz der Erde. Ewig währe die Herrlichkeit des Herrn; der Herr freue sich seiner Werke." *(Ps 104, 30-31)* Aus dieser Freude Gottes an seiner Schöpfung, im Höchstmaß geoffenbart durch die Liebe zu seinem eingeborenen Sohn Jesus Christus *(vgl. Mt 3, 17; Mt 17, 5; Mk 9, 7; 2 Petr 1, 17)*, erwächst nun auch eine neue Spiritualität des christlichen Glaubens, eine neue Bewusstwerdung und Selbstvergewisserung der Geistbegabtheit und Geistdurchdrungenheit allen Seins. Mögen die Versuche, eine von Gott durchdachte Welt halbwegs geistig nachzuvollziehen, auch noch so stümperhaft sein – sie verleihen dieser Welt dennoch einen Glanz, der ihr ohne Gott, ohne Glaube, ohne Religion und ohne geistigen Dialog fehlen würde.

85. Jesus Christus als Zeuge der Wahrheit

Jesus Christus ist „der treue und zuverlässige Zeuge" *(Offb 3, 14; vgl. 1, 5)*, der aus dem „Geist der Wahrheit" spricht *(Joh 14, 17; 15, 26; 16, 13; vgl. 1 Joh 4, 6)* „Der Geist des Herrn lässt sich nieder auf ihm: der Geist der Weisheit und der Einsicht, der Geist des Rates und der Stärke, der Geist der Erkenntnis und der Gottesfurcht." *(Jes 11, 2)* Deshalb ist alles wahr und verlässlich, was Christus nach dem Zeugnis der Heiligen Schrift geoffenbart hat. Christus spricht redlich, ehrlich und aus innerer Überzeugung. Das haben seine Zuhörer bestätigt. „Es war eine große Menschenmenge versammelt und hörte ihm mit Freude zu." *(Mk 12, 37)* „Und die Menschen waren sehr betroffen von seiner Lehre; denn er lehrte sie wie einer, der göttliche Vollmacht hat, nicht wie die Schriftgelehrten." *(Mk 1, 22)* „Da erschraken alle und einer fragte den andern: Was hat das zu bedeuten? Hier wird mit Vollmacht eine ganz neue Lehre verkündet." *(Mk 1, 27)* Dieser geistigen Strahlkraft, der lebensfreundlichen Energie im Schöpfungsprozess, die nur aus einem reinen und wahrhaftigen Herzen kommen kann, nämlich aus dem Herzen Jesu, gilt es nachzuspüren. So kommen wir zu jener „Quelle des Lebens" *(Ps 36, 10; vgl. Offb 7, 17; 21, 6)*, aus der sich die ganze Sendung, Existenz und Offenbarung des Gottessohnes nährt. Es ist Gott selbst, der sich im fleischgewordenen Wort seines Sohnes vollkommen ausspricht und im Heiligen Geist alles an sich ziehen möchte. „Und ich, wenn ich über die Erde erhöht bin, werde alle zu mir ziehen." *(Joh 12, 32)* „Ich werde euch zu mir holen, damit auch ihr dort seid, wo ich bin." *(Joh 14, 3)* Indem ich in diesen ewigen Prozess Gottes eintauche und je mehr ich in ihn hineinwachse, desto besser verstehe, ja erlebe ich die elementare Bedeutung der Gemeinschaftsgleichnisse vom Weinstock mit seinen Rebzweigen und vom Leib mit seinen Gliedern für jedes christliche Weltbild. So funktioniert Gott als Herzmitte der Schöpfung. So hat Jesus Christus Gott geoffenbart: wahr, klar und eindeutig. Wem dazu noch die Vorstellungskraft fehlt, der mag einfach nur an das menschliche Gehirn denken, das jeden Menschen mit Vernunft und

Persönlichkeit ausstattet, obwohl man beides am Gehirn selbst überhaupt nicht wahrnehmen kann. Die Erdoberfläche ist wie die Oberfläche des Gehirns, nur milliardenfach größer und komplexer. Aus ihr steigt wie aus einem gigantischen Acker die reife Frucht des Heiligen Geistes auf. „Gottes Geist schwebt über dem Wasser." *(Gen 1, 2)* „Gott sprach: Es werde Licht. Und es wurde Licht. Gott sah, dass das Licht gut war." *(Gen 1, 3-4)* So liegt in der gesamten Schöpfung von Anfang an die Spiritualität Gottes. Spiritualität ist also keine Frömmigkeitsform des Menschen, sondern der ursprüngliche Charakterzug Gottes. Was für ein Perspektivenwechsel und Rollentausch! Anstatt sich über seine eigene Spiritualität den Kopf zu zerbrechen, wagt es der Mensch mit der Spiritualität Gottes, die alles Sein durchdringt. Und diese durchgeistigte Seinsweise ist Licht, ist Lebensenergie, ist spürbare, liebevolle, mystisch erfahrbare Gegenwart Gottes in seiner Schöpfung!

86. Das Böse als Mangel an Gutem

Wer einer strengen und gewissenhaften Auslegung der Heiligen Schrift folgt, wird nicht umhin können, sich mit dem Phänomen der Sünde auseinanderzusetzen. Setzen wir doch gleich bei Paulus an, am besten bei seiner Lehre von der Erbsünde: „Durch einen einzigen Menschen kam die Sünde in die Welt und durch die Sünde der Tod und auf diese Weise gelangte der Tod zu allen Menschen, weil alle sündigten." *(Röm 5, 12)* Der Sünde des Adam setzt Paulus die Erlösung durch das Kreuzesopfer Jesu Christi entgegen: „Denn vor allem habe ich euch überliefert, was auch ich empfangen habe: Christus ist für unsere Sünden gestorben, gemäß der Schrift, und ist begraben worden. Er ist am dritten Tag auferweckt worden, gemäß der Schrift... Wie in Adam alle sterben, so werden in Christus alle lebendig gemacht werden." *(1 Kor 15, 3-4; 22)* „Da nun die Kinder Menschen von Fleisch und Blut sind, hat auch er in gleicher Weise Fleisch und Blut angenommen, um durch seinen Tod den zu entmachten, der die Gewalt über den Tod hat, nämlich den Teufel, und um die zu befreien, die durch die Furcht vor dem Tod ihr Leben lang der Knechtschaft verfallen waren." *(Hebr 2, 14-15)* Und Jesus selbst sagt: „Fürchtet euch vor dem, der nicht nur töten kann, sondern die Macht hat, euch auch noch in die Hölle zu werfen. Ja, das sage ich euch: Ihn sollt ihr fürchten." *(Lk 12, 5)* Es findet also ein Drama statt, das im Osterhymnus „Singt das Lob dem Osterlamme" *(lat. Victimae paschali laudes)* so beschrieben wird: „Tod und Leben rangen in wundersamem Zweikampf. Der Fürst des Lebens, der gestorben war, herrscht lebend." *(lat. mors et vita duello conflixere mirando; dux vitae mortuus regnat vivus)*

Nun gilt es, diesen Zusammenhang von Sünde, Tod und Erlösung im Licht einer Spiritualität der Schöpfung geistig zu durchdringen, ihn nochmals neu zu lesen. *(engl. relecture)* Zunächst ist die Identifizierung der Sünde, des Bösen im Menschen und seiner bösen Taten, des Lebensfeindlichen und Selbstzerstörerischen, des Destruktiven und Nekrophilen ein Dienst an der Wahrheit. Wir dürfen die gravierenden Schwachstellen und Schattenseiten des Daseins nicht verdrängen, denn nur so kommen wir im mit den Worten des römischen Philosophen Seneca „vom Dunkel ins Licht." *(lat. per aspera ad astra)* Wo aber die Sünde und das Böse Tatsachen sind, Möglichkeiten und Gegebenheiten des menschlichen Verhaltens, da steht das Konzept vom göttlichen Licht zunächst ratlos da. Von Jesus Christus heißt es: „Keine Finsternis ist in ihm." *(1 Joh 1, 5)* Die Sünde, das Böse, der Tod – wie werden wir damit fertig? Ignorieren allein bringt uns nicht weiter. Wie wäre es, Gut und Böse im Sinne des fernöstlichen „Yin" und „Yang" als naturgegebene Gegensätze aufzufassen, das Dasein insgesamt im Sinne von Charles Darwins Evolutionstheorie als Kampf ums Dasein *(engl. struggle for life)* und als Überleben der Stärkeren *(engl. survival of the fittest)* zu verstehen? Ist das der Preis, den sterbliche Lebewesen für den Fortschritt und die Entwicklung der Arten nun einmal zu zahlen hätten? Ist das zu nüchtern und zu brutal naturwissenschaftlich gedacht? Aber ist die magisch-abergläubisch aufgeladene Erbsündendiskussion im Vergleich dazu nicht noch viel schwächer?

Stellt es nicht einen Erkenntnisfortschritt dar, über menschliches Fehlverhalten und über Erich Fromms „Anatomie der menschlichen Destruktivität“ etwas aufgeklärter, wissenschaftlicher und vernünftiger zu reden? Bringe ich vielleicht auf diesem Weg Licht ins Dunkel? Ehrlich gesagt habe ich das Phänomen der Sünde, verbunden mit der Satisfaktionstheorie vom Kreuzesopfer Christi als Sühne für unsere Sünden, immer als fragwürdig empfunden. Ich kann einfach nicht glauben, dass wir Menschen von Natur aus böse und verderbt sind. Ich glaube an das Gute in jedem Menschen, an seinen guten Kern, an sein gutes Herz. Das Böse ist nur Mangel an Gutem, ein deprivativer oder defizitärer Zustand an einem im Kern gesunden und guten Menschen. Der Schwerpunkt liegt auf Gut, nicht auf Böse, auf Leben, nicht auf Tod, auf Licht, nicht auf Finsternis. Aber wie komme ich an diesem Punkt weiter? „So spricht der Herr: Seht, den Weg des Lebens und den Weg des Todes stelle ich euch zur Wahl.“ *(Jer 21, 8)* „Hiermit lege ich dir heute das Leben und das Glück, den Tod und das Unglück vor. Wenn du auf die Gebote des Herrn, deines Gottes, auf die ich dich heute verpflichte, hörst, indem du den Herrn, deinen Gott, liebst, auf seinen Wegen gehst und auf seine Gebote, Gesetze und Rechtsvorschriften achtest, dann wirst du leben und zahlreich werden und der Herr, dein Gott, wird dich in dem Land, in das du hineinziehst, um es in Besitz zu nehmen, segnen. Wenn du aber dein Herz abwendest und nicht hörst, wenn du dich verführen lässt, dich vor anderen Göttern niederwirfst und ihnen dienst – heute erkläre ich euch: Dann werdet ihr ausgetilgt werden; ihr werdet nicht lange in dem Land leben, in das du jetzt über den Jordan hinüberziehst, um hineinzuziehen und es in Besitz zu nehmen. Den Himmel und die Erde rufe ich heute als Zeugen gegen euch an. Leben und Tod lege ich dir vor, Segen und Fluch. Wähle also das Leben, damit du lebst, du und deine Nachkommen. Liebe den Herrn, deinen Gott, hör auf seine Stimme und halte dich an ihm fest; denn er ist dein Leben. Er ist die Länge deines Lebens, das du in dem Land verbringen darfst, von dem du weißt: Der Herr hat deinen Vätern Abraham, Isaak und Jakob geschworen, es ihnen zu geben.“ *(Dtn 30, 15-20)* Folglich kann der Mensch aus freiem

Willen und eigener Entscheidung in den Kampf eintreten, den Gott selbst für das Leben führt. Verbünde ich mich mit Gott, dann docke ich an seinem Lebenskreislauf an und werde Teil seines intelligenten Immunsystems. Wende ich mich dem Bösen zu, dann werde ich zum Krebsgeschwür am Leib der Schöpfung. Sünde, Hölle, Tod und Teufel widersprechen der Allgegenwart Gottes. An dieser Stelle liegt der Schlüssel zum Verständnis dessen, was die Tradition als Sünde bezeichnet. Jede Sünde steht dem Leben feindselig gegenüber. Das ist das eigentliche Kriterium. Die Sünde zu personifizieren bedeutet, die Gestalt des Teufels zu erschaffen. Ein realistischer naturwissenschaftlicher Blick auf den Sachverhalt des Bösen in der Welt, des Chaos und der Destruktivität muss jedoch viel nüchterner und sachgerechter urteilen. Wie es keinen Gegenspieler zur Sonne gibt, so gibt es auch keinen Gegenspieler zu Gott. Das wäre ein primitiver Dualismus oder anspruchslose Schwarzweißmalerei. Das früher so genannte Geheimnis der Bosheit *(lat. mysterium iniquitatis)* hat viel mit Ungerechtigkeit, unschuldig Leidenden, Verzweiflung und Zerstörung zu tun, aber nichts mit einem personifizierten Teufel oder mit Dämonen. Die Rede von der Sünde, der Buße und Umkehr zeigt da ihr wahres Gesicht, wo Sündenvorwürfe als Machtmittel missbraucht werden, um Menschen innerhalb der Gesellschaft klein zu machen. Mit Sündenvorwürfen lässt sich das aus dem indischen Kulturkreis bekannte Kastenwesen erklären, das zwischen Rein und Unrein unterscheidet und Menschen mit niederer Geburt, niederem Rang oder niederen Berufen an das untere Ende des Kastenwesens verbannt. Das gleicht in fataler Weise einer Hackordnung auf dem Hühnerhof oder der Unterordnung unter das Alphamännchen eines Wolfsrudels oder einer Schimpansenhorde. Das ist ein Neandertaler-Weltbild. Wer sich in solch ein verqueres Schema hineindenkt oder gar an es glaubt, verfestigt nur den Irrtum jener Überzeugung, wonach das Böse, der Teufel, die Sünde oder die Hölle fester Bestandteil einer Weltanschauung sein müssten, was sicher nicht der Fall ist. Man braucht sich nicht zu wundern, dass vermeintliche Anhänger von Teufel, Hölle und Fegfeuer an allen

Ecken und Enden Beweise für ihre Weltanschauung zu finden glauben. Das ist aber nichts anderes als eine sich selbst bestätigende Vorhersage *(engl. self fulfilling prophecy)* im Sinne des amerikanischen Soziologen Robert K. Merton. Viel früher hat das schon der schlesische Dichter Angelus Silesius erkannt, als er schrieb: „Mensch, was du liebst, in das wirst du verwandelt werden. Gott wirst du, liebst du Gott, und Erde, liebst du Erden." Im Gegensatz dazu ist der Mensch dazu berufen, sein spirituelles Potential auszuleben. Das ist der Ruf nach oben hin, der Ruf ins Licht, in die Freiheit und Weite des Himmels hinein. Was wir dagegen hinter uns lassen müssen, ist nach den Worten des Apostels Paulus unsere „sinnlose, von den Vätern ererbte Lebensweise." *(1 Petr 1, 18)* „Meide das Böse und tu das Gute; suche Frieden und jage ihm nach!" *(Ps 34, 15)*

87. Die Metamorphose der Schöpfung

Eine besondere geistige Herausforderung ist die Tatsache, dass die Schöpfung einer beständigen Wesensverwandlung und Vervollständigung, einer Metamorphose unterworfen ist. Es scheint, als würde sich Gott in seiner Schöpfung nicht nur täglich neu erfinden, sondern dass der lineare Prozess der Schöpfung über Milliarden von Jahren von seinem Ursprung her auf ein ganz bestimmtes Ziel hinausläuft. Dass dieses Ziel nicht das Nichts ist, der Zerfall in Chaos und Zerstörung, ist eine sehnsüchtige Hoffnung der gesamten Menschheit. Der vorsokratische Philosoph Heraklit sagte: „Das einzig Beständige ist die Veränderung." Welchen Sinn hat diese Dynamik im schöpferischen Prozess? Augenblicklich müssen wir ganz nüchtern und realistisch feststellen, dass die beständige Metamorphose der Schöpfung eingebettet zu sein scheint zwischen Evolution und Degeneration, zwischen Kosmos und Chaos, zwischen Fortschritt und Zerstörung, wie man am desolaten Zustand unserer Umwelt unschwer ablesen kann. „Es ist bestimmt in Gottes Rat, dass man vom Liebsten, was man hat, muss scheiden." Der Beginn dieses Gedichts, das der österreichische Lyriker Ernst von Feuchtersleben verfasst hat, deutet an, dass insbesondere die Vergänglichkeit des Daseins ihren ganz eigenen Sinn hat. Es ist bemerkenswert, dass die traditionelle christliche Frömmigkeit jederzeit bereit war, alles in Gottes Hände zu legen und damit mit sich und der Welt ihren Frieden zu machen. Anders gesagt: Ich weiß zwar nicht, wie Gott das macht, aber ich bin im Innersten davon überzeugt, dass er es schafft, die Vergänglichkeit des Daseins mit einem sinnvollen Ziel und Zweck zu krönen. „Bei Gott allein kommt meine Seele zur Ruhe; denn von ihm kommt meine Hoffnung." *(Ps 62, 6)*

88. Der Himmel als Ort Gottes

„Unser Gott ist im Himmel." *(Ps 115, 3)* Es ist für das Glaubensleben von elementarer Bedeutung, dass Gott nicht nur Person ist, sondern dass er auch einen Ort hat. Das ist der Himmel, für den modernen Menschen also die Weite des Universums, das Weltall, der Kosmos. Das weitet mein *räumliches* Vorstellungsvermögen und verbindet sich mit jenem *zeitlichen* Vorstellungsvermögen, kraft dessen alles einmal am Anfang der Zeit von Gott ausgegangen ist und am Ende der Zeit zu ihm zurückkehrt. Christus hat Gott als seinen und unseren Vater im Himmel verortet, als er seine Jünger zu beten lehrte: „Unser Vater im Himmel, dein Name werde geheiligt, dein Reich komme, dein Wille geschehe wie im Himmel, so auf der Erde." *(Mt 6, 9-10)* Das Himmelreich als Ort der beständigen Gegenwart Gottes als Person mit eigenem Willen und unendlicher Liebe zu seiner Schöpfung wird im biblischen Sinn ergänzt und qualifiziert als Paradies. Jesus sagte zum Schächer am Kreuz: „Heute noch wirst du mit mir im Paradies sein." *(Lk 23, 43)* Das schlägt die Brücke zum Anfang der Schöpfung, wo es im Schöpfungsbericht der Genesis heißt: „Dann legte Gott, der Herr, in Eden, im Osten, einen Garten an und setzte dorthin den Menschen, den er geformt hatte." *(Gen 2, 8)*

Gott erfüllt also Raum und Zeit. Das Ziel meines Lebensweges in der Dimension des Raumes ist der Himmel. Das Bewusstsein meiner Existenz in der Dimension der Zeit mit ihrer Vergangenheit, Gegenwart und Zukunft erfüllt sich in der Ewigkeit des stets gegenwärtigen, lebendigen Gottes.

Wenn ich manchmal das strahlende Licht der Sonne am Himmel sehe, wie es sich hinter riesigen weißen Wolkenbänken versteckt und doch zugleich wie ein Strahlenfächer durch die Wolken dringt, sehne ich mich nach jenem Himmelsthron, den die biblische Botschaft hinter diesen Wolken erahnt. Die von oben her erleuchteten Wolken strahlen nicht nur in einem überirdischen Weiß, sie geben durch ihre langsame Bewegung hindurch auch ein Gefühl von Tiefe, von einer bis ins Unendliche hinüberreichenden räumlichen Vorstellung. Friedrich Schiller schreibt in seiner *Ode an die Freude*: „Brüder, überm Sternenzelt muss ein lieber Vater wohnen... Ihr stürzt nieder, Millionen? Ahnest du den Schöpfer, Welt? Such ihn überm Sternenzelt! Über Sternen muss er wohnen."

89. Die Überwindung des Dualismus

„Gott sah alles an, was er gemacht hatte: Es war sehr gut." *(Gen 1, 31)* „Du liebst alles, was ist, und verabscheust nichts von allem, was du gemacht hast; denn hättest du etwas gehasst, so hättest du es nicht geschaffen." *(Weish 11, 24)* Demnach kann es keinen verhängnisvollen Dualismus zwischen Gut und Böse, zwischen Himmel und Hölle, zwischen Leben und Tod geben. In Wahrheit ist Gott wirklich in allem gegenwärtig, auch dort, wo wir zu Unrecht Gottesferne oder Gottlosigkeit vermuten. Das Leben ist ein steiniger Weg, den zu gehen oder zu überwinden manchmal im wahrsten Sinn des Wortes ausweglos erscheint. Aber nur weil wir den Sinn von Sterblichkeit und Leid nicht ertragen oder durchschauen können, heißt das noch lange nicht, dass es einen solchen Sinn nicht gibt. „Gott in allen Dingen finden" – das ist nach Ignatius von Loyola das Gebot der Stunde, die Herausforderung der Zeit. Auch hier zeigt sich wiederum die Stärke der Dialektik im Sinne Hegels: Gott setzt das von sich Andere, um es als radikalen Gegensatz zu begreifen, auszuloten und in diesem lebendigen Prozess zu sich zu kommen und bei sich zu sein. Gott überwindet das Böse durch das Gute. Gott überwindet den Tod durch die beständige Einholung neuen Lebens.

90. Gott erkennen

„Das ist das ewige Leben: dich, den einzigen wahren Gott, zu erkennen und Jesus Christus, den du gesandt hast." *(Joh 17, 3)* In diesen wenigen Worten ist alles zum Ausdruck gebracht, was den Inhalt der christlichen Erlösungsbotschaft so bedeutsam macht. Gott ist wahr. Gott ist einzigartig. Gott zu erkennen bedeutet, ewig zu leben, wie eben Gott selbst das ewige Leben ist und uns am ewigen Leben teilhaben lässt. Jesus Christus stellt in sich die Brücke dar, den freien Durchfluss zum göttlichen Licht. Das ist seine Sendung, seine Offenbarung, die Offenhaltung und Offenlegung jenes großen Kreislaufs, den wir den ewigen Prozess der Selbstwerdung und Heimkehr Gottes zu sich selbst bezeichnen. Jesus und Christus *(hebr. messias, griech. christos)* sind die beiden Wirklichkeiten, die in der hypostatischen Union *(lat. unio hypostatica)* ungeteilt und unverwandelt, ungemischt und ungetrennt zueinander finden. Menschensohn und Gottessohn sind eins im Gottmenschen. Wo wir ihn als Gottessohn verstehen, haben wir Anteil an seinem göttlichen Wesen. Wo wir ihn als Menschensohn verstehen, gibt er uns Anteil an seinem menschlichen Wesen. In beidem verstehen wir die Offenbarung des Gottmenschen als Ziel und Berufung der ganzen menschlichen Existenz, ja des Seins im Ganzen. An Christus wird anschaulich, dass zwei so extreme Gegensätze wie das Göttliche und das Menschliche nicht zwangsläufig auseinanderfallen müssen, sondern sich gegenseitig ergänzen und erhöhen können.

91. Gottes Sein ist im Werden

Wo die Menschheitsfamilie, ja die ganze Schöpfung als göttlicher Organismus verstanden wird, sind Toleranz, Altruismus und Integration ebenso selbstverständlich wie eine gesunde Selbstverwirklichung zum Wohl der Allgemeinheit. Die vernunftbegabte Menschheit ist denkende, fühlende, leidende, verstehende, staunende, begeisterte, sensible und sensitive Materie, bewusste Energie, Wille zum Leben, enthusiastische Verherrlichung der Schöpfung, erfüllt von unbändiger Freude an ihrem Schöpfer. „In ihm leben wir, bewegen wir uns und sind wir. Wir sind von Gottes Art." *(Apg 17,28)* Alles lebt in Gott. Der Mensch hat die Ehre, in besonderer, intelligenter Höchstform dem erwachenden und zu sich selbst kommenden Gott anzugehören. „Gottes Sein ist im Werden." Das ist ein genialer Geistesblitz des protestantischen Theologen Eberhard Jüngel. Das schweißt uns zu einer einzigartigen Schicksalsgemeinschaft mit Gott zusammen. Christus macht es uns vor: „Vater, in deine Hände lege ich meinen Geist." *(Lk 23,46)* Ich sage Ja zum Werden, Sein und Vergehen und steige in diesem ewigen Kreislauf auf zu Gott, der viel kontingenter ist als bisher gedacht oder auch nur zu denken gewagt worden ist.

92. Mann und Frau als Abbild Gottes

Die Liebe von Mann und Frau ist göttlich, ein wahres Feuerwerk des göttlichen Genius, die Überwindung aller Gegensätze, der volle Genuss der Gottheit, ebenso unschuldig wie unsterblich und beseligend, die Geburtsstunde allen Seins, der Mikrokosmos der milliardenfach wiederholten Entstehung des Makrokosmos *(Ontogenie versus Phylogenie)*, die Geburt allen Bewusstseins, der erste Augenblick der Schöpfung, jeden Tag und in allem neu. „Gott schuf also den Menschen als sein Abbild; als Abbild Gottes schuf er ihn. Als Mann und Frau schuf er sie." *(Gen 1, 27)* Mann und

Frau als Abbild Gottes – das klingt jedoch viel zu abstrakt. In der Liebe von Mann und Frau liegen der ganze Zauber und das ganze Glück, ja die ganze Seligkeit jenes ersten Augenblicks, als Gott zum Leben erwachte und wie er jeden Tag wieder neu erwacht. Martin Buber sagt: „Der Mensch wird am Du zum Ich." Das ist die Geburtsstunde Gottes, milliardenfach multipliziert und doch jedes Mal genauso neu wie im ersten Augenblick der Schöpfung, was nichts anderes ist als der eben erwachte Augenblick der Begegnung zweier Liebender.

93. Allgegenwart und Weisheit

Die Allgegenwart Gottes in seiner Schöpfung wird sehr schön durch den Begriff der Weisheit *(griech. sophia)* zum Ausdruck gebracht, der mit dem Begriff des Lebensatems *(hebr. ruach)* im Schöpfungsbericht der Genesis verwandt zu sein scheint. Sehr anschaulich und mit mystischer Tiefe schreibt das Buch der Weisheit: „Ein unerschöpflicher Schatz ist sie für die Menschen; alle, die ihn erwerben, erlangen die Freundschaft Gottes... Er verlieh mir untrügliche Kenntnis der Dinge, sodass ich den Aufbau der Welt und das Wirken der Elemente verstehe, Anfang und Ende und Mitte der Zeiten, die Abfolge der Sonnenwenden und den Wandel der Jahreszeiten, den Kreislauf der Jahre und die Stellung der Sterne, die Natur der Tiere und die Wildheit der Raubtiere, die Gewalt der Geister und die Gedanken der Menschen, die Verschiedenheit der Pflanzen und die Kräfte der Wurzeln. Alles Verborgene und alles Offenbare habe ich erkannt; denn es lehrte mich die Weisheit, die Meisterin aller Dinge. In ihr ist ein Geist, gedankenvoll, heilig, einzigartig, mannigfaltig, zart, beweglich, durchdringend, unbefleckt, klar, unverletzlich, das Gute liebend, scharf, nicht zu hemmen, wohltätig, menschenfreundlich, fest, sicher, ohne Sorge, alles vermögend, alles überwachend und alle Geister durchdringend, die denkenden, reinen und zartesten. Denn die Weisheit ist beweglicher als alle Bewegung; in ihrer Reinheit durchdringt und erfüllt sie alles. Sie ist ein Hauch der Kraft Gottes und reiner Ausfluss der Herrlichkeit des Allherrschers; darum fällt kein Schatten auf sie. Sie ist der Widerschein des ewigen Lichts, der ungetrübte Spiegel von Gottes Kraft, das Bild seiner Vollkommenheit. Sie ist nur eine und vermag doch alles; ohne sich zu ändern, erneuert sie alles. Von Geschlecht zu Geschlecht tritt sie in heilige Seelen ein und schafft Freunde Gottes und Propheten; denn Gott liebt nur den, der mit der Weisheit zusammenwohnt. Sie ist schöner als die Sonne und übertrifft jedes Sternbild. Sie ist strahlender als das Licht." *(Weish 7, 14; 17-29)*

94. Sehnsucht nach Gott

„Mein Herz denkt an dein Wort: Sucht mein Angesicht! Dein Angesicht, Herr, will ich suchen." *(Ps 27,8)* Dieser Psalmvers spricht von der Sehnsucht, in Gottes Gegenwart zu bleiben, seine Nähe zu erfahren und Gott als Person „von Angesicht zu Angesicht" *(1 Kor 13,12)* erleben zu dürfen. „Gott, du mein Gott, dich suche ich, meine Seele dürstet nach dir. Nach dir schmachtet mein Leib wie dürres, lechzendes Land ohne Wasser." *(Ps 63,2)* Das deckt sich mit der mystischen Grunderfahrung, dass Gott, das stets gegenwärtige Licht, als Person, als kommunikationsfähige Intelligenz wahrgenommen wird, als objektive Wirklichkeit gegenüber meiner subjektiven Erfahrung. Diesem Gott begegne ich „in Wahrheit und Liebe." *(2 Joh 3)* Gott ist die *Wahrheit* meines Lebens, weil nichts, was ich sonst erlebe, mit seiner Wirklichkeitsdichte vergleichbar ist, und weil mich nichts so eindringlich anspricht wie Gottes Gegenwart, wofür Gott verblüffenderweise gar keine Worte zu verwenden braucht. Gott ist die *Liebe* meines Lebens, weil nichts so treu und mild, so einfühlsam und dennoch zurückhaltend, so hilfsbereit und verschwenderisch, so aufbauend und begeisternd ist wie Gott. Meine ganze Sehnsucht geht dahin, diese Wahrheit und diese Liebe immer wieder im Geiste aufzusuchen und mich ihrer würdig zu erweisen.

95. Vom Sinn der religiösen Prägung

„Jesus streckte die Hand aus, berührte ihn und sagte: Ich will es, werde rein! Im gleichen Augenblick wurde der Aussätzige rein." *(Mt 8, 3)* Die Sprechakttheorie nennt das einen performativen Sprechakt, genauer gesagt eine Sprechhandlung, die zugleich ausgeführt und damit konkretisiert wird. Ähnliches kennt die Theologie, wenn sie die Herabrufung des Heiligen Geistes oder eine Segenshandlung thematisiert. Indem der Segen erteilt wird, kommt er zur Welt. Berühmt ist der so genannte Aaronitische Segen: „Der Herr segne dich und behüte dich. Der Herr lasse sein Angesicht über dich leuchten und sei dir gnädig. Der Herr wende sein Angesicht dir zu und schenke dir Heil." *(Lev 6, 24)* Indem der Segen zugesprochen wird, macht er Gottes Angesicht gegenwärtig. Das erinnert an die Fähigkeit von Kapuzineräffchen, mithilfe eines Steins Nüsse zu knacken. Diese Fertigkeit ist nicht natürlich angeboren, sondern sie muss von Generation zu Generation künstlich erlernt werden. Ist sie jedoch einmal erlernt, dann kann sie nicht mehr aus der Welt geschafft werden. Auch die frühkindliche Prägung funktioniert nach dem berühmten Muster: „Was Hänschen nicht lernt, lernt Hans nimmermehr." Wie wäre es, auch die Rede von Gott im menschlichen Dasein als performativen Sprechakt mit realitätsstiftender Wirkung aufzufassen? Natürlich kann ein Mensch ohne Gott auskommen. Das ist hinlänglich bekannt. Aber das ist kein Argument gegen die Existenz Gottes. Im Gegenteil: Es spricht sehr viel dafür, dass die religiöse Prägung in der Kindheit neue geistige Welten eröffnet, die einem religiös „unmusikalischen", weil religiös nicht geprägten Menschen lebenslänglich verschlossen bleiben. Das ist ja gerade das Spannende, dass in der Religionsgeschichte natürliche genetische Disposition und künstliche gesellschaftliche Prägung, Anlage und Umwelt Hand in Hand gehen. In diesem Zusammenhang sollte man sehr vorsichtig sein, die so viel gescholtenen Phänomene des Animismus und des Pantheismus als rückständig und hoffnungslos veraltet abzutun. Womöglich haben die Völker früherer Generationen, die von der Beseeltheit der Natur und von der Einheit von Gott und Kosmos überzeugt waren, in Wahrheit den besseren Zugang zum Wesen Gottes besessen als unser modernes und aufgeklärtes Denken, das mehr oder weniger die Ungegenständlichkeit, Unsichtbarkeit und Unbegreiflichkeit Gottes als das Maß aller Dinge betrachtet. Auf diesem Weg wird Gott in der Tat zur Chimäre, zum Popanz, zur Gottesvergiftung. Lasst uns Gott mit neuen Augen sehen, unschuldig und unverdorben, ehrlich und aufrecht. Dann wird sich zeigen, dass der Vorsokratiker Thales von Milet recht behält: „Alles ist voll des Göttlichen *(griech. panta plere theon).*" Die natürliche Reaktion darauf besteht in der Überzeugung des weisen Seneca: „Gott verehrt, wer ihn kennengelernt hat *(lat. Deum colit, qui novit).*"

Diese besondere Art von Empathie, von Einfühlungsvermögen in Sein, Kosmos, Natur und Schöpfung zeichnet ja die Vernunftbegabung des Menschen als intelligentem Lebewesen aus. Womöglich waren Animismus und Pantheismus einer geistig wesentlich leistungsfähigeren Spur der Empathie gefolgt, als dies das Zeitalter des rein abstrakten Denkens zu leisten vermag. Fantasie, Intuition, Empathie und Mystik müssen wieder neu entdeckt und groß geschrieben werden, wenn wir im Rahmen des Forschungsprojekts Gott dem Kern unseres Erkenntnisgegenstandes näher kommen wollen. Die ewig geistlose Wiederholung und das Nachplappern alter Worthülsen ohne Sinn und Verstand, ohne jede echte, lebendige und unmittelbare Gotteserfahrung gleicht nichts anderem als Hermann Hesses Glasperlenspiel. Dagegen gilt von jeder ursprünglichen mystischen Schau Gottes: „Bei dir ist die Quelle des Lebens, in deinem Licht schauen wir das Licht." *(Ps 36, 10)* Das ist selbst gelebtes Leben, Schau Gottes von Angesicht zu Angesicht, persönlich erfahrene und erfahrbare Realität. Natürlich ist das vielleicht nicht jedem sofort zugänglich. Aber dafür haben wir ja die geistlich-mystische Tradition, wie auch die Kapuzineräffchen ihre Kunst des Nüsseknackens von einer Generation zur anderen weitergeben. Dann sind die Heiligen Schriften nicht länger die in Tempeln verehrten Kultobjekte, sondern wie Schulbücher, mit denen man Gott kennenlernen kann, wie Landkarten auf dem Weg zum Himmel.

96. Die Botschaft der Seele baut auf

Dass jeder Mensch eine Seele hat, kann pädagogisch prägend wie ein Schlüsselreiz vermittelt werden und wirkt wahrhaft immunisierend gegen Depressionen, Versagensängste oder Existenzängste. Der beseelte Mensch als Gottes Ebenbild ist ein hochkarätiges, aufbauendes Selbstbild. Die Seele adelt den Menschen. Sie bringt sein gedankliches Selbstbild-Programm auf einen Schlag in Ordnung. Das geflügelte Wort von der narzisstischen Kränkung hat sein Pendant in der empathischen Gesundung durch die Zusage: Du bist ein geliebtes Kind Gottes. Das ist ein Schlüsselreiz, der in der prägsamen Phase der Kindheitsentwicklung gesetzt werden muss, oder er funktioniert nicht mehr richtig. Im Milieu des Urvertrauens wächst der Dialog zwischen Gott und der Seele wie ein unauslöschliches Muster, das die Psyche ein Leben lang für den Kontakt mit dem Jenseits offen hält. Selbst der deformierte, depressive, degenerierte Charakter ruht auf der Seele auf, auf seiner unveräußerlichen Menschenwürde, auf der konfliktfreien Zone des Ich, auf der natürlichen Widerstandsfähigkeit, dem Überlebenstrieb, der Fähigkeit zur Resilienz. Es ist völlig in Vergessenheit geraten, dass die religiöse Prägung im prägsamen Alter eine hochkarätige Kulturleistung ist, welche analog zur Fertigkeit von Kapuzineräffchen, einen Stein als Werkzeug zum Nüsseknacken zu verwenden, durch Imitationslernen von Generation zu Generation weitergegeben werden kann und im übertragenen Sinn die härtesten Nüsse zu knacken hilft. Jedem Menschen in einem performativen Sprechakt eine Seele zuzusprechen, die unmittelbar zu Gott ist, von Gott kommt und einmal wieder zu Gott zurückkehren wird, bedeutet, ihn in vollem Umfang und mit allen positiven Konsequenzen religiös zu erziehen und damit zugleich zu immunisieren. Das Erwecken, Wachrufen oder Zusprechen einer Seele ist für den Menschen jedoch nur der Anfang. Die Seele ist ja ein Teil von Gott und lädt also zum Dialog mit Gott ein, um wie in einem Blutkreislauf als lebendiges Organ am Organismus Gottes teilzuhaben. Wie eng Gott mit der Seele verbunden, ja ihr gleichwesentlich ist, sagt der Schöpfungsbericht der Genesis: „Da formte Gott, der Herr, den Menschen aus Erde vom Ackerboden und blies in seine Nase den Lebensatem. So wurde der Mensch zu einem lebendigen Wesen.“ *(Gen 2, 7)* Demnach ist jeder Herzschlag und jeder Atemzug wie eine Resonanz auf den Lebensatem Gottes, wie eine Antwort auf das göttliche Wort, durch das alles geschaffen ist. *(vgl. Joh 1, 3)*

97. Gott ist immer da

Ein schönes Bekenntnis zur Allgegenwart Gottes findet sich in Psalm 139: „Herr, du hast mich erforscht und du kennst mich. Ob ich sitze oder stehe, du weißt von mir. Von fern erkennst du meine Gedanken. Ob ich gehe oder ruhe, es ist dir bekannt; du bist vertraut mit all meinen Wegen. Noch liegt mir das Wort nicht auf der Zunge - du, Herr, kennst es bereits. Du umschließt mich von allen Seiten und legst deine Hand auf mich. Zu wunderbar ist für mich dieses Wissen, zu hoch, ich kann es nicht begreifen. Wohin könnte ich fliehen vor deinem Geist, wohin mich vor deinem Angesicht flüchten? Steige ich hinauf in den Himmel, so bist du dort; bette ich mich in der Unterwelt, bist du zugegen. Nehme ich die Flügel des Morgenrots und lasse mich nieder am äußersten Meer, auch dort wird deine Hand mich ergreifen und deine Rechte mich fassen. Würde ich sagen: «Finsternis soll mich bedecken, statt Licht soll Nacht mich umgeben», auch die Finsternis wäre für dich nicht finster, die Nacht würde leuchten wie der Tag, die Finsternis wäre wie Licht. Denn du hast mein Inneres geschaffen, mich gewoben im Schoß meiner Mutter. Ich danke dir, dass du mich so wunderbar gestaltet hast. Ich weiß: Staunenswert sind deine Werke. Als ich geformt wurde im Dunkeln, kunstvoll gewirkt in den Tiefen der Erde, waren meine Glieder dir nicht verborgen. Deine Augen sahen, wie ich entstand, in deinem Buch war schon alles verzeichnet; meine Tage waren schon gebildet, als noch keiner von ihnen da war.“ *(Ps 139, 1-16)* Die Gegenwart Gottes bringt also eine völlig neue Weite in meine

Daseinsvollzüge. Wo ich bisher gewohnt war, im Hier und Jetzt zu leben, trägt Gott einen erstaunlichen Anspruch in mich hinein. Es ist, als wollte er sagen: Weite deine Seele, erinnere dich an das Vergangene, denke an die Zukunft, hole beides in deine Gegenwart herein. Weite deine Seele, gib ihr Raum inmitten dieser Welt, über diese Welt hinaus, den Tiefen des Weltalls entgegen. Begegne deinem Gott, dem Schöpfer von Raum und Zeit. Das ist groß und erhaben. Deshalb heißt es auch im Buch der Psalmen: „Meine Seele hängt an dir, deine rechte Hand hält mich fest." *(Ps 63, 9)* „Meine Seele dürstet nach dir, wie dürres, lechzendes Land ohne Wasser." *(Ps 63, 2)*

98. Den Herrn vor Augen

„Ich habe den Herrn beständig vor Augen. Er steht mir zur Rechten, ich wanke nicht. Darum freut sich mein Herz und frohlockt meine Seele; auch mein Leib wird wohnen in Sicherheit." *(Ps 16,8-9)* Das ist die perfekte Existenzbeschreibung eines Menschen, der ganz und gar in Gottes Gegenwart lebt. Da bedarf es keiner Worte mehr. Alles ist reine, lichte Gegenwart. In der Tat beginnt meine Seele geradezu zu frohlocken, weil es so schön, so heilsam, so begehrenswert, so erfüllend und so überrealistisch ist, Gott beständig vor Augen zu haben. Ich danke dir dafür, du Gott meines Lebens!

99. Christus als Gottes Ebenbild

„Wer mich gesehen hat, hat den Vater gesehen." *(Joh 14, 9)* Mit diesen Worten zeichnet Christus das Bild des zu sich selbst gekommenen und seiner selbst bewussten Gottes. Deshalb ist Christus auch in exemplarischer, paradigmatischer und doch universaler Weise „das Ebenbild des unsichtbaren Gottes, der Erstgeborene der ganzen Schöpfung. Denn in ihm wurde alles erschaffen im Himmel und auf Erden, das Sichtbare und das Unsichtbare, Throne und Herrschaften, Mächte und Gewalten; alles ist durch ihn und auf ihn hin geschaffen. Er ist vor aller Schöpfung, in ihm hat alles Bestand. Er ist das Haupt des Leibes, der Leib aber ist die Kirche. Er ist der Ursprung, der Erstgeborene der Toten; so hat er in allem den Vorrang. Denn Gott wollte mit seiner ganzen Fülle in ihm wohnen, um durch ihn alles zu versöhnen. Alles im Himmel und auf Erden wollte er zu Christus führen, der Friede gestiftet hat am Kreuz durch sein Blut." *(Kol 1, 15-20)* „Wenn also jemand in Christus ist, dann ist er eine neue Schöpfung: Das Alte ist vergangen, Neues ist geworden." *(2 Kor 5, 17)* Christus ist die mitdenkende und nachdenkende Schöpfung des seiner selbst bewusst gewordenen, zu sich selbst gekommenen, mit sich selbst identischen und selbstbestimmten, autarken und autonomen Gottes. Je mehr ich mich empathisch in diesen ewigen Prozess der Bewusstwerdung Gottes einfinde, desto besser kommt Gott zu Geltung. Der lateinische Kirchenvater Irenäus von Lyon sagt dazu: „Die Ehre Gottes ist der lebendige Mensch." *(lat. Gloria Dei vivens homo)*

100. Todessehnsucht?

Es ist ein ewiges Rätsel und Geheimnis des chaotisch Bösen in der Welt *(lat. mysterium iniquitatis)*, warum manche Menschen sich selbst das Leben nehmen, sich selbst und andere zerstören, warum Menschen von unendlicher Traurigkeit erfüllt sind oder Todessehnsucht verspüren. Warum um alles in der Welt zerstört Gott sich selbst in seinen geliebten Kindern? Ist tatsächlich alles „Windhauch?" *(Koh 1, 2)* Ist alles sinnlos? Wie soll Gott in selbstverletzendem und selbstzerstörerischem Verhalten zu sich selbst kommen? Warum sehnen sich Menschen danach, sich selbst umzubringen, wie nach einer lang ersehnten Erlösung? Man könnte fast meinen, die Lichtgestalt Gottes hätte im Makrokosmos seines gigantischen Organismus das Absterben von Zellen genauso eingeplant wie im

Mikrokosmos des menschlichen Körpers. Gehören Krebswucherungen und umgekehrt Zellsterben *(Apoptose versus Nekrose)* zum Genesungsprozess oder gar zum Selbstzerstörungsprogramm Gottes? „Elija geriet in Angst, machte sich auf und ging weg, um sein Leben zu retten. Er kam nach Beerscheba in Juda und ließ dort seinen Diener zurück. Er selbst ging eine Tagereise weit in die Wüste hinein. Dort setzte er sich unter einen Ginsterstrauch und wünschte sich den Tod. Er sagte: Nun ist es genug, Herr. Nimm mein Leben; denn ich bin nicht besser als meine Väter." *(1 Kön 19,3-4)* Diese Art von Todessehnsucht scheint allem zu widersprechen, was an Lebensbejahendem, an Überlebenswillen, an ewiger Kreativität und beständiger Reparatur von Gott ausgeht. Oder ist der vorzeitige Tod am Ende ein vorgezogener Rückzug in Gott hinein, ein stilles Einverständnis mit der Einsicht, dass der Mensch von Anfang an zum Sterben geboren worden ist?

101. Gott ist die Liebe

Eine besondere Eigenschaft, die an Gott unmittelbar wahrnehmbar ist, beschreibt das Buch Exodus: „Der Herr ging an ihm vorüber und rief: Jahwe ist ein barmherziger und gnädiger Gott, langmütig, reich an Huld und Treue." *(Ex 34,6)* Wohltuendes Verständnis, Mitleid und Vergebung aus ganzem Herzen gehen von Gott aus. „Wir haben ja nicht einen Hohenpriester, der nicht mitfühlen könnte mit unserer Schwäche." *(Hebr 4,15)*

102. Die Familie Gottes

Ein schönes Bild für jenen allumfassenden Organismus, in dem Gott zu sich kommt und sich selbst begreift, ist die Familie Gottes. Es holt die biblischen Aussagen über Gott Vater, über den

Gottessohn, über die Gotteskindschaft und über die Zusammengehörigkeit im Heiligen Geist in den vertrauten Bereich der Familie herein. „Ihr seid also jetzt nicht mehr Fremde ohne Bürgerrecht, sondern Mitbürger der Heiligen und Hausgenossen Gottes. Ihr seid auf das Fundament der Apostel und Propheten gebaut; der Schlussstein ist Christus Jesus selbst. Durch ihn wird der ganze Bau zusammengehalten und wächst zu einem heiligen Tempel im Herrn. Durch ihn werdet auch ihr im Geist zu einer Wohnung Gottes erbaut." *(Eph 2, 19-22)*

103. Natürliche Gotteserkenntnis

Gott ist ein höchst reales Erkenntnisobjekt, noch vor allen Abstraktionen, die meinen, mit Attributen wie Abwesenheit, Unerkennbarkeit, unergründlicher Geheimnishaftigkeit und Ungegenständlichkeit dem Wesen Gottes einen Dienst erweisen zu müssen. Aber vor aller Unerkennbarkeit ist Gott zunächst und ganz natürlich erkennbar. Der ewige Prozess, in dem Gott in seiner Schöpfung zu sich selbst kommt und sich selbst begreift, ist geistig, spirituell und empathisch nachvollziehbar. Die französische Mystikerin Madeleine Delbrêl schreibt in ihrem Buch „Frei für Gott": „Der Mittelpunkt dieses Lebens, seine Freude, sein tiefster Daseinsgrund, ohne den es uns nichtig erschiene, ist die Gabe unserer selbst an Gott, in Jesus Christus. Ist, in dieser Welt zu sein, in sie hineingetaucht, als Parzelle der Menschheit, mit all seinen Fasern ausgeliefert, dargebracht, enteignet. Inseln göttlicher Anwesenheit sein. Gott einen Ort sichern. Vor allem der Anbetung überantwortet sein. Das Geheimnis des göttlichen Lebens auf uns lasten lassen, bis zum Erdrücktwerden. In den Finsternissen der allgemeinen Unwissenheit Leuchtpunkte der Bewusstwerdung Gottes sein. Erkennen, dass hier der eigentliche Akt der Erlösung geschieht; glauben im Namen der Welt, hoffen für die Welt, lieben im Namen der Welt."

104. Gott in allen Dingen finden

Jede Rede von Gott hat sich dem Anspruch zu stellen, dass der gesunde menschliche Realitätssinn vollständig und uneingeschränkt zur Geltung kommt. Ein Gott, der lediglich ein kompliziertes und künstlich konstruiertes Gedankengebilde ist, gleicht der biblischen „Vogelscheuche im Gurkenfeld." *(Bar 6, 69; Jer 10, 5)* Gott muss so real und realistisch, so objektiv und naturgegeben sein wie der Sonnenaufgang am Morgen. Er darf geistige Qualität haben und muss natürlich nicht einfach so sichtbar sein wie die Gegebenheiten der Materie. Aber seine Wirklichkeitsdichte muss jederzeit und überall da sein, sonst ist es nicht Gott. Mit allen Sinnen muss dieser Gott erfahrbar und wahrnehmbar sein, sonst ist es nicht Gott. Der niederländische Philosoph Baruch de Spinoza, der Gott auf besondere Weise in der Natur anwesend und gegenwärtig gesehen hat *(lat. Deus sive natura)*, schreibt: „So habe ich über Gott und Natur eine ganz andere Meinung als jene, die von den modernen Christen gewöhnlich vertreten wird. Ich fasse nämlich Gott als die immanente und nicht als die äußere Ursache aller Dinge. Ich behaupte eben, dass alles in Gott lebt und webt." Unterstützung erhält Spinoza durch das berühmte Motto des spanischen Jesuiten Ignatius von Loyola: „Gott in allen Dingen suchen und finden."

105. Glauben, ohne etwas gesehen zu haben?

„Glaube aber ist: Feststehen in dem, was man erhofft, Überzeugtsein von Dingen, die man nicht sieht." *(Hebr 11, 1)* Diese Worte des Apostels Paulus klingen ebenso rätselhaft wie das Wort vom „Gehorsam des Glaubens." *(Röm 1, 5; 16, 26)* „Denn aus Gnade seid ihr durch den Glauben gerettet, nicht aus eigener Kraft - Gott hat es geschenkt -, nicht aufgrund eurer Werke, damit keiner sich rühmen kann." *(Eph 2, 8-9)* Rätselhaft sind diese Worte, weil Paulus ja in einer Lichtvision vor Damaskus die Herrlichkeit Gottes real gesehen hat. *(vgl. Apg 22, 6-8)* Warum also sollte Paulus auf einmal von seinen Gläubigen verlangen, von Dingen überzeugt zu sein, die sie nicht sehen? Paulus hat doch den Herrn gesehen. Warum baut er seine Verkündigung dann nicht ausdrücklicher auf seine Augenzeugenschaft auf? Warum verlangt er Glaubensgehorsam ohne Fundament in der Realität? *(lat. sine fundamentum in re)* Bekanntlich hat der frühere Augustinereremit und Reformator Martin Luther durch sein Studium des Römerbriefs viel vom Apostel Paulus gelernt. Er hat die für ihn alles entscheidende Frage „Wie kriege ich einen gnädigen Gott?" durch die Gedanken des Paulus von der Rechtfertigung des Sünders gelöst gesehen und daraus seine Grundsätze entwickelt: Allein durch die Gnade *(lat. sola gratia)*, allein durch den Glauben *(lat. sola fide)*, allein durch die Heilige Schrift *(lat. sola scriptura)* und allein durch Christus *(lat. solus Christus)* kann der Mensch gerechtfertigt werden und das ewige Heil erlangen. Jedoch erscheint mir der Grundsatz „Allein Gott zur Ehre" *(lat. soli Deo gloria)* die allem Glaubensgehorsam vorausgehende und ihm weit überlegene Geisteshaltung zu sein. Denn vor Gott kommt es doch nicht darauf an, ob ich an seine Gnade glaube, ohne sie sehen zu können, ob ich mich ganz auf die Heilige Schrift verlasse, ohne von dem, worüber sie spricht, eine Ahnung zu haben, und ob ich mich ganz in die Person Jesu Christi hineinvertiefe, ohne ihm auf seinem Weg zu Gott nachzufolgen. Der eigentliche Grundsatz muss lauten: Zuerst kommt Gott. Gott versuche ich wahrzunehmen und mich mit seiner Realität vertraut zu machen. Gott will ich erkennen und in einem zweiten Schritt darauf aufbauen. Der hervorragende Weg der Gotteserkenntnis jedoch führt über ein Leben in Christus: „Christus will ich erkennen und die Macht seiner Auferstehung und die Gemeinschaft mit seinen Leiden, indem ich seinem Tod gleich gestaltet werde. So hoffe ich, auch zur Auferstehung von den Toten zu gelangen. Nicht dass ich es schon erreicht hätte oder dass ich schon vollendet wäre. Aber ich strebe danach, es zu ergreifen, weil auch ich von Christus Jesus ergriffen worden bin." *(Phil 3, 10-12)* Das letzte Ziel dieser Schicksalsgemeinschaft mit Christus ist, um es noch einmal deutlich zusagen, kein Selbstzweck. Es geht um nichts weniger als um die Erkenntnis Gottes, von der ich glaube, dass sie Jesus Christus mehr als alles andere am Herzen lag: „Denn ihr sollt ein Leben führen, das des Herrn würdig ist und in allem sein Gefallen findet. Ihr sollt Frucht bringen in jeder Art von guten Werken und wachsen in der Erkenntnis Gottes.“ *(Kol 1, 10)*

106. Echte Gotteserkenntnis ist möglich

Wer das Glück hat, in der beständigen und fortwährenden Gegenwart Gottes zu leben *(vgl. Ps 16, 8; Apg 2, 25)*, für den ist die Existenz Jesu Christi eine jederzeit verfügbare, reale und gegenständliche Möglichkeit für den eigenen Lebensentwurf, eine Möglichkeit, jederzeit unmittelbar zu Gott zu sein. Zugleich verstehe ich den Enthusiasmus des Apostels Paulus, der in seinem Römerbrief schreibt: „O Tiefe des Reichtums, der Weisheit und der Erkenntnis Gottes! Wie unergründlich sind seine Entscheidungen, wie unerforschlich seine Wege! Denn wer hat die Gedanken des Herrn erkannt? Oder wer ist sein Ratgeber gewesen? Wer hat ihm etwas gegeben, sodass Gott ihm etwas zurückgeben müsste? Denn aus ihm und durch ihn und auf ihn hin ist die ganze Schöpfung. Ihm sei Ehre in Ewigkeit! Amen.“ *(Röm 11, 33-36)* Aus ihm und durch ihn und auf ihn hin ist demnach auch mein ganz persönliches Leben, sozusagen mein Land der unbegrenzten Möglichkeiten. Zugleich wird das, was wir üblicherweise Glaube oder Religiosität nennen, auf eine neue und unendlich klare Bewusstseinsebene erhoben. Wer sich Gott zuwendet, vermag ihn tatsächlich zu erkennen, ihn real wahrzunehmen. Das hat Paulus der Menschheit aller Zeiten und Generationen zugestanden, als er sagte: „Denn was man von Gott erkennen kann, ist ihnen offenbar; Gott hat es ihnen offenbart. Seit Erschaffung der Welt wird seine unsichtbare Wirklichkeit an den Werken der Schöpfung mit der Vernunft wahrgenommen, seine ewige Macht und Gottheit.“ *(Röm 1, 19-20)* Gotteserkenntnis ist also nicht nur eine reale Möglichkeit, sondern auch erlernbar, und zwar durch den Meister Jesus Christus selbst. Deshalb sagt Paulus: „Ich vergesse, was hinter mir liegt, und strecke mich nach dem aus, was vor mir ist. Das Ziel vor Augen, jage ich nach dem Siegespreis: der himmlischen Berufung, die Gott uns in Christus Jesus schenkt. Das wollen wir bedenken, wir Vollkommenen. Und wenn ihr anders über etwas denkt, wird Gott euch auch das offenbaren. Nur müssen wir festhalten, was wir erreicht haben. Ahmt auch ihr mich nach, Brüder, und achtet auf jene, die nach dem Vorbild leben, das ihr an uns habt." *(Phil 3, 13-17)*

107. Auf Adlerflügeln getragen

Sören Kierkegaard sagte einmal: „Das Leben kann nur in der Schau nach rückwärts verstanden, aber nur in der Schau nach vorwärts gelebt werden." Indem ich auf meinen Lebensweg zurückschaue, bin ich verblüfft, wie häufig ich schlicht und einfach Glück gehabt habe und wie sich gerade in kritischen und ausweglosen Situationen meines Lebens alles wie durch eine unsichtbare Hand zum Positiven gewendet hat. Dann gleicht die Rückschau in meine Vergangenheit einem Lichtkanal, der mich mit den Anfängen meiner frühesten Kindheit, mit meinem wahren Ich, mit meiner Seele in Verbindung bringt. Die Abfolge der Jahre und Jahrzehnte gelebten Lebens steht mir mit Boethius wie ein Stück Ewigkeit vor Augen, „Ewigkeit als der unbegrenzte, ganze, gleichzeitige und vollkommene Genuss des Lebens." *(lat. Aeternitas est interminabilis vitae tota simul et perfecta possessio)* Im biblischen Sinn fühle ich mich bis zum heutigen Tag von Gott wie auf Adlerflügeln getragen: „Herr, mein Gott, du bist ja meine Zuversicht, meine Hoffnung von Jugend auf. Vom Mutterleib an stütze ich mich auf dich, vom Mutterschoß an bist du mein Beschützer; dir gilt mein Lobpreis allezeit." *(Ps 71, 5-6)* Das deckt sich mit der Glaubenserfahrung des Volkes Israel im Buch Exodus: „Mose stieg zu Gott hinauf. Da rief ihm der Herr vom Berg her zu: Das sollst du dem Haus Jakob sagen und den Israeliten verkünden: Ihr habt gesehen, was ich den Ägyptern angetan habe, wie ich euch auf Adlerflügeln getragen und hierher zu mir gebracht habe. Jetzt aber, wenn ihr auf meine Stimme hört und meinen Bund haltet, werdet ihr unter allen Völkern mein besonderes Eigentum sein. Mir gehört die ganze Erde, ihr aber sollt mir als ein Reich von Priestern und als ein heiliges Volk gehören. Das sind die Worte, die du den Israeliten mitteilen sollst." *(Ex 19, 4)* Auch das Buch der Psalmen kommt mir in den Sinn, wo es heißt: „Der Herr ist mein Licht und mein Heil: Vor wem sollte ich mich fürchten? Der Herr ist die Kraft meines Lebens: Vor wem sollte mir bangen?" *(Ps 27, 1)* „Ist Gott für uns, wer ist dann gegen uns?" *(Röm 8, 31)*

108. Adam stammte von Gott

Der Evangelist Lukas lässt den Stammbaum Jesu Christi mit der lapidaren Aussage enden: „Adam stammte von Gott." *(Lk 3, 38)* So trägt also das ganze Menschengeschlecht Gottes unsterbliche Gene in sich. Wir Menschen sind Gottes intelligentes Immunsystem, mit seinem Willen zum Leben ausgestattet, von ihm ausgegangen und zu ihm am Ende unserer Tage zurückkehrend. An uns liegt es, diesen göttlichen Lebensatem, den er uns am Anfang der Schöpfung eingehaucht hat *(vgl. Gen 2,7)*, durch unser eigenes Ein- und Ausatmen, durch unser Werden, Sein und Vergehen hindurch in Bewegung zu halten. Unsere schönste Berufung ist es, „Abbild Gottes" *(vgl. Gen 1, 27)* zu sein, Gott ähnlich. Der Apostel Paulus hat dieses außerordentliche Bewusstsein, von Gott abzustammen und folglich Kind und Erbe Gottes zu sein, besonders herausgearbeitet. Im Römerbrief schreibt er: „Alle, die sich vom Geist Gottes leiten lassen, sind Söhne Gottes. Denn ihr habt nicht einen Geist empfangen, der euch zu Sklaven macht, so dass ihr euch immer noch fürchten müsstet, sondern ihr habt den Geist empfangen, der euch zu Söhnen macht, den Geist, in dem wir rufen: Abba, Vater! So bezeugt der Geist selber unserem Geist, dass wir Kinder Gottes sind.

Sind wir aber Kinder, dann auch Erben; wir sind Erben Gottes und sind Miterben Christi, wenn wir mit ihm leiden, um mit ihm auch verherrlicht zu werden." *(Röm 8, 14-17)* „Weil ihr aber Söhne seid, sandte Gott den Geist seines Sohnes in unser Herz, den Geist, der ruft: Abba, Vater. Daher bist du nicht mehr Sklave, sondern Sohn; bist du aber Sohn, dann auch Erbe, Erbe durch Gott." *(Gal 4, 6-7)* Abgerundet wird diese Erkenntnis durch das Zeugnis des Johannes-Evangeliums, das uns Menschen aus Gott geboren sein lässt: „Allen aber, die ihn aufnahmen, gab er Macht, Kinder Gottes zu werden, allen, die an seinen Namen glauben, die nicht aus dem Blut, nicht aus dem Willen des Fleisches, nicht aus dem Willen des Mannes, sondern aus Gott geboren sind." *(Joh 1, 12-13)* Ich bin aus Gott geboren. Was für ein grandioser Daseinsentwurf! „Ihr seid neu geboren worden, nicht aus vergänglichem, sondern aus unvergänglichem Samen: aus Gottes Wort, das lebt und das bleibt. Denn alles Sterbliche ist wie Gras und all seine Schönheit ist wie die Blume im Gras. Das Gras verdorrt und die Blume verwelkt; doch das Wort des Herrn bleibt in Ewigkeit. Dieses Wort ist das Evangelium, das euch verkündet worden ist." *(1 Petr 1, 23-25)* Deshalb beten wir in einem Tagesgebet der Osterzeit: „Allmächtiger Gott, lass die österliche Freude in uns fortdauern, denn du hast deiner Kirche neue Lebenskraft geschenkt und die Würde unserer Gotteskindschaft in neuem Glanz erstrahlen lassen. Gib, dass wir den Tag der Auferstehung voll Zuversicht erwarten als einen Tag des Jubels und des Dankes."

109. Platons Sonnengleichnis

Der griechische Philosoph Platon schreibt in seiner „Politeia": „Du wirst wohl einräumen, glaube ich, dass die Sonne den sinnlich sichtbaren Gegenständen nicht nur das Vermögen des Gesehenwerdens verleiht, sondern auch Werden, Wachsen und Nahrung, ohne dass sie selbst ein Werden ist? Das ist sie nicht! Und so räume denn auch nun ein, dass den durch die Vernunft erkennbaren Dingen von dem eigentlichen Guten nicht nur das Erkanntwerden zuteil wird, sondern dass ihnen dazu noch von jenem das Sein und die Wirklichkeit kommt, ohne dass das höchste Gut Wirklichkeit ist: Es ragt vielmehr über die Wirklichkeit an Hoheit und Macht hinaus." Nach allem, was wir über das göttliche Licht wissen, können „Sonne" und „höchstes Gut" durch „Gott" ersetzt werden. Es ist wahr: Gott verleiht Werden, Wachsen und Nahrung. Durch Gott wird den durch die Vernunft erkennbaren Dingen das Erkanntwerden, das Sein und die Wirklichkeit zuteil. Das ist jene wahrhaft theozentrische Perspektive, innerhalb der die Schöpfungswirklichkeit aus Gott heraus lebt. „Denn in ihm leben wir, bewegen wir uns und sind wir, wie auch einige von euren Dichtern gesagt haben: Wir sind von seiner Art." *(Apg 17, 28)*

110. Gott ist die Summe meines Lebens

Vor Gottes Angesicht steht mir mein Leben in vollkommener Gleichzeitigkeit wie ein offenes Buch vor Augen. Nichts fehlt darin, von meinen frühesten Kindheitserinnerungen bis zum heutigen Tag. Wie ein Lichtkanal öffnen sich vor Gott meine Tage. Wie kann das sein? „Denn tausend Jahre sind für dich wie der Tag, der gestern vergangen ist, wie eine Wache in der Nacht." *(Ps 90, 4)* Mir ist, als würde vor Gott das Buch des Lebens aufgeschlagen *(vgl. Offb 20, 12)* und alles wäre darin reine Gegenwart. Es scheint, als wären meine oft kleinen und unbedeutenden Jahre in Gottes Gegenwart, in seiner ewigen Erinnerung und seinem untrüglichen Bewusstsein ebenso aufgehoben, geborgen und vollendet wie die Grundrechenarten in der höheren Mathematik. Nichts geht verloren. Alles wird auf einer höheren Ebene erst recht zu Bewusstsein gebracht. Dass jeder Mensch Gott unendlich kostbar ist, bezeugt der Prophet Jesaja: „Kann denn eine Frau ihr Kindlein vergessen, ohne Erbarmen sein gegenüber ihrem leiblichen Sohn? Und selbst wenn sie ihn vergisst:

Ich vergesse dich nicht. Sieh her: Ich habe dich eingezeichnet in meine Hände." *(Jes 49, 16)* Angesichts der großen Liebe, die Gott zu uns hat, werde ich sehr dankbar, aber auch sehr nachdenklich, indem ich mich frage: Wie oberflächlich, zerstreut und gedankenlos gehe ich mit meiner Lebenszeit um? Wie schön wäre es, diese meine Lebenszeit immer intensiver als Ort der Begegnung mit Gott zu verstehen und noch bewusster als bisher in seiner Nähe zu sein.

111. Das Sein als Gleichnis Gottes

Die Botschaft Jesu Christi vom Reich Gottes oder von der Königsherrschaft Gottes *(griech. basileia tou theou)* lässt sich als bildhafte Rede für die Tatsache auffassen, dass Gott in seiner Schöpfung stets machtvoll gegenwärtig ist. Der Philosoph Gustav Siewerth hat ein Buch mit dem bezeichnenden Titel „Das Sein als Gleichnis Gottes" geschrieben. Im biblischen Sinn ist das Sein der unendliche Raum, in dem Gott, alles durchdringend, beherrschend, bewahrend und erhaltend zu sich kommt. Reich Gottes bedeutet: Gott „reicht" in seine Schöpfung hinein. Gott „bereichert" seine Schöpfung mit seinem Heiligen Geist. Er bereichert mich, indem er sich meiner Seele wesenhaft mitteilt und sie täglich neu mit seiner liebevollen Nähe beschenkt. Auf diesem Hintergrund gewinnen die biblischen Aussagen zum Reich Gottes einen neuen Sinn. Der Begriff wird zu einem wichtigen sprachlichen und logischen Scharnier, das Gott und Schöpfung miteinander verbindet, ohne die Differenz von Schöpfer und Geschöpf aufzuheben. Die Schöpfung als Ganze ist das Reich Gottes, aber sie ist nicht mit Gott identisch. Sie ist Gottes Acker, wo sein ewiges Wort ausgesät und zu reicher Frucht gebracht wird. Das Wort Gottes wiederum ist jener Schlüsselreiz, der allem Seienden zum Durchbruch der Erkenntnis Gottes verhilft. Ohne dieses das Sein erschließende Wort Gottes wären wir spirituell blind. Wo das Wort jedoch wie ein Schlüsselbegriff wirkt, da eröffnen sich dem Bewusstsein völlig neue Welten, Einsichten und Erkenntnisse, Verständnisse und Perspektiven. Weil das Wort Gottes im Reich Gottes verborgen ist und jederzeit aufbrechen kann, deshalb sind auch die Beschreibungen stimmig, die Jesus Christus uns gegeben hat. „Das Reich Gottes ist nahe." *(Mk 1, 15; Lk 10, 11)* „Das Reich Gottes ist mitten unter euch." *(Lk 17, 21)* Ebenso heilsam wie Gottes Gegenwart, sein Wort, seine Weisheit und sein Heiliger Geist ist nun eben auch die Nähe des Reiches Gottes. Deshalb begegnete Jesus Christus den Menschen als der „Immanuel" *(Jes 7, 14; Mt 1, 23)*, der „Gott mit uns": „Er empfing sie freundlich, redete zu ihnen vom Reich Gottes und heilte alle, die seine Hilfe brauchten." *(Lk 9, 11)*

112. Vom seelischen Informationswert der Schöpfung

„Wenn also jemand in Christus ist, dann ist er eine neue Schöpfung: Das Alte ist vergangen, Neues ist geworden." *(2 Kor 5, 17)* Gott in allen Dingen finden – dieses denkerische Grundprinzip vermag auf einzigartige und bunte Weise zu Gott zu führen. Wenn alles, was da ist, eine Seele in sich trägt, wie Henri Bergsons *élan vital*, der alles im Sein erhält, dann kann ich in der Seele alles Seienden mich selbst wiedererkennen und vermag so Gott selbst nahe zu sein. Ich vernehme in der Schöpfung sozusagen den Herzschlag Gottes. Diese Geisteshaltung ist getragen von unbeschreiblicher Ehrfurcht vor der Schöpfung. Die Heiligkeit Gottes strahlt mir da entgegen.

113. Gott als Licht mit persönlicher Ausstrahlung

„Denn Fleisch geworden ist das Wort, und in diesem Geheimnis erstrahlt dem Auge unseres Geistes das neue Licht deiner Herrlichkeit." Die innere Logik und Gottebenbildlichkeit der

Schöpfung kommt in dieser Präfation des 1. Weihnachtsfeiertages zum Ausdruck. „Durch die barmherzige Liebe unseres Gottes wird uns besuchen das aufstrahlende Licht aus der Höhe, um allen zu leuchten, die in Finsternis sitzen und im Schatten des Todes, und unsere Schritte zu lenken auf den Wege des Friedens." *(Lk 1,78-79)* Gott ist also Licht mit persönlicher Ausstrahlung und Wirkmächtigkeit, Licht, das Hoffnung schenkt, heilt und in die richtige Richtung führt. Dieses Licht wird erfahrbar als „Immanuel", als der „Gott mit uns" *(Jes 7,14; Mt 1,23)*, der, stärker noch als „Jahwe", als „Ich bin der Ich-bin-da" *(Ex 3,14)* die durch und durch lebensbejahende, konstruktive und schöpferische Energie des menschenfreundlichen, liebevollen Gottes repräsentiert. Gottes Licht ist „Jesus", dessen Namensbedeutung lautet: Gott heilt, Gott hilft, Gott rettet. Es bedeutet für mich Glück und Seligkeit, dieses Licht des lebendigen Gottes spüren und ihm folgen zu können. Mehr noch: Indem ich mir dieses Lichtes bewusst werde, erfahre ich meine Selbstständigkeit und Unabhängigkeit als integrativer Bestandteil Gottes, der durch mich wie durch alles Lebendige hindurch zu sich selbst kommen möchte. Wir sind von Gottes Art – ihm wesensgleich, und zwar in einem Prozess der Verklärung und der Identitätsfindung zum Ewigen hin. Mit dem schlesischen Dichter Angelus Silesius bekenne ich: „Ich bin nicht außer Gott, und Gott nicht außer mir. Ich bin sein Glanz und Licht, und er ist meine Zier."

Augustinus gibt dem eben Gesagten mit seinen *Confessiones* in der Übersetzung von Joseph Bernhart den sprachlichen Ausdruck: „Was aber liebe ich, da ich dich liebe? Nicht die Schönheit eines Körpers noch den Rhythmus der bewegten Zeit, nicht den Glanz des Lichtes, der da so lieb den Augen; nicht die süßen Melodien in der Welt des Tönens aller Art; nicht der Blumen, Salben, Spezereien Wohlgeruch; nicht Manna und nicht Honig, nicht Leibesglieder, die köstlich sind der fleischlichen Umarmung: Nichts von alledem liebe ich, wenn ich liebe meinen Gott. Und dennoch liebe ich ein Licht und einen Klang und einen Duft und eine Speise und Umarmung meines inneren Menschen. Dort erstrahlt meiner Seele, was kein Raum erfasst; dort erklingt, was keine Zeit entführt; dort duftet, was kein

Wind verweht; dort mundet, was keine Sattheit vergällt; dort schmiegt sich an, was kein Überdruss auseinanderlöst. Das ist es, was ich liebe, wenn ich liebe meinen Gott."

Gott ist das Geheimnis meines Lebens. Je näher ich mir selbst bin, desto näher bin ich Gott. Und je mehr ich Gott in mir Gestalt werden lasse, desto mehr erkenne ich mich selbst. Alles steht und fällt mit der alten Streitfrage, wo das Energiezentrum der Persönlichkeit zu suchen ist: selbstbestimmt oder fremdbestimmt, autark oder ferngesteuert, selbstbewusst oder selbstvergessen? Es ist die Frage nach persönlicher Identität, nach Ehrlichkeit und Authentizität. Wenn es wahr ist, dass jeder Mensch ein Kind Gottes ist, ihm wesensgleich und Teil des göttlichen Organismus, dann kann die einzig sinnvolle Antwort nur lauten: *Vale in Domino* – Sei lebendig in der Gegenwart Gottes! Natürlich stellt sich damit die nächste Frage, warum Gott in einer so aufwändigen und streckenweise chaotischen Art und Weise zu sich kommt. Denn es herrschen im Dasein ja so viel Chaos, Unrecht, Bösartigkeit, Sinnlosigkeit und Vernichtungswille, dass es schwer fällt, zu glauben, dass Gott diesen hohen Preis zahlt, um inmitten der Finsternis seinem göttlichen Licht zum Durchbruch zu verhelfen. Das ist höchst rätselhaft und ungewöhnlich. Es gleicht jener vermuteten „Ursuppe" der Schöpfung, aus der heraus sich Lebendiges entwickelt haben soll. Es müsste so sein wie jene chemische Evolution, der zufolge eine unbekannte Mischung anorganischer Substanzen die Entstehung von Leben ermöglicht hat. Sollte das jedoch den Tatsachen entsprechen, dann bleibt nur eine Möglichkeit: Ich entscheide mich bewusst für die lebensbejahende Energie Gottes, um ihm als dem Licht der Welt gegen die Finsternisse des Bösen und Zerstörerischen zum Durchbruch zu verhelfen.

Wenn wir streng naturwissenschaftlich vorgehen und davon ausgehen, dass es so etwas wie Telepathie, also eine Wahrnehmung von Wirklichkeiten jenseits der Sinnesorgane beziehungsweise eine Beeinflussung der Realität mit der Macht der Gedanken nicht gibt, dann stellt sich mit aller Wucht die alles entscheidende Frage: Was ist das für ein Gott, den ich als Licht und kommunikationsfähige, empathische Intelligenz wahrzunehmen glaube? Das führt uns in die Richtung des von Sigmund Freud postulierten Elternkomplexes, oder, positiv gewendet, in die Richtung jenes Urvertrauens und jener existentiellen Geborgenheit, die mir meine Familie, mein Vater, meine Mutter, mein Elternhaus und meine Heimat im Kindesalter geboten haben. Indem ich also in die Geborgenheit jenes göttlichen Lichtes eintauche und es höchst real wahrnehme, mag eine Regression in das Land meiner behüteten Kindheit stattfinden. Nun gesteht die Psychoanalyse mit Anna Freud und ihrem berühmten Werk „Das Ich und die Abwehrmechanismen" der Regression als der Rückkehr in frühkindliche Gefühls-, Denk- und Verhaltensmuster ohne weiteres zu, dass diese eine schützende und regenerierende Funktion hat. Insofern wären der Glaube an Gott und das Leben in Gottes Gegenwart nichts anderes als die Rückkehr in jenen Zustand, in dem ich als Kind Tag und Nacht in der emotional aufbauenden und beschützenden Gegenwart, ja in der Sonne der Liebe meiner Eltern groß geworden bin. Ist das vielleicht nichts? Allein an diesem Punkt erweist sich bereits die heilende Kraft des Glaubens. Aber ist da vielleicht noch mehr? Wie wäre es, seinem Instinkt zu vertrauen und zu sagen: Gott wirkt auf mich anziehend und beseligend, beruhigend und beglückend, weil er selbst die Quelle und der Ursprung aller Elternschaft ist. Er hat sie erfunden! Was einst meine Eltern bedeutet haben, ist nun mit Gott bleibend gegenwärtig. Eltern kommen und müssen auch wieder gehen. Gott als Quelle des Lichts bleibt ewig gegenwärtig. Wer einen Sinn dafür hat, freut sich an Gottes Nähe und an seinem Licht. Der Gläubige steht fest in Gott. In ihm hat er Richtung, Sinn und Ziel. Das wussten die einfachen und leidgeprüften Gläubigen aller Generationen mit felsenfester Gewissheit. Ihrem Glaubenszeugnis gilt es zu vertrauen und nachzufolgen. „Seid wachsam, steht fest im Glauben, seid mutig, seid stark!" *(1 Kor 16, 13)* Diese Ermutigung des Apostels Paulus erinnert mich daran, dass jenseits aller intellektuellen Auseinandersetzung mit dem Glauben auch noch der Mut zum Glauben und das Wagnis des Glaubens gefragt sind, wofür Gottes Licht die Richtung angibt. Solchen Mut bewies der evangelische Theologe Paul Tillich immer dann, wenn er trotz mancher Glaubenszweifel und Existenzängste den Sprung in die Unbegreiflichkeit Gottes hinein wagte. Er sagte: „Der Mut zum Sein wurzelt in dem Gott, der erscheint, wenn Gott in der Angst des Zweifels verschwunden ist."

114. Vale in Domino

„Werdet stark durch die Kraft und Macht des Herrn!" *(Eph 6,10)* In der Gegenwart Gottes zu leben und darin aufzublühen bedeutet, im Sinne des heiligen Ignatius von Loyola „Gott in allen Dingen" zu finden. Dafür eignet sich die emotionale, mystische, intuitive Wahrnehmung besonders gut. Sie gleicht dem unvoreingenommenen Hören von Musik, dem Genuss der freien Natur oder dem Stehen in der heilenden Kraft der Sonne. Die Geburtsstunde des menschlichen Bewusstseins besteht ja darin, über die Wahrnehmung seiner selbst, seiner Umwelt, seiner Mitmenschen und aller natürlich gegebenen Einzelheiten hinaus das Sein als Ganzes in den Blick zu nehmen und über das Leben an und für sich nachzudenken. In dieser Geisteshaltung versuche ich, den Pulsschlag des stets gegenwärtigen Lebens wahrzunehmen. Ich vermeine, die Schöpfung atmen zu hören, wie man eben auch in Augenblicken der Stille in der Kirche eine ganze Gottesdienstgemeinde atmen hören kann. Da geht mir auf, was Baruch de Spinoza mit seinem „Deus sive natura" gemeint hat: In der Natur ist Gott wesentlich gegenwärtig, fast so, als wäre er selbst die Natur in Person. Vielleicht noch treffender hat Gustav Siewerth vom „Sein als Gleichnis Gottes" gesprochen. Oder man könnte auch sagen, dass im Ganzen der Natur, des Seins und des Lebens eine Seele wahrnehmbar ist, die vertraut und innig zu meiner Seele spricht. Der heilige Franz von Sales sagt dazu: „Cor ad cor loquitur" – das Herz spricht zum Herzen. An dieser Stelle verspüre ich eine einzigartige Einheit von Selbstwahrnehmung und Seinsbewusstsein, von Innen und Außen.

Es ist die große Synthese, die Hegel in seiner Dialektik vorgeschwebt sein muss, eine Versöhnung der These des Ich und der Antithese der Außenwelt in der Synthese des Seins. Die Grundbestimmungen des Seins sind nun aber seit Plato das Eine, das Wahre, das Gute und das Schöne, und zwar als Eigenschaften, die am Sein als Ganzem wahrnehmbar sind. Diese besondere Wesensart des Seins, nämlich einheitlich und durchgängig gegenwärtig zu sein, in höchster Wirklichkeitsdichte wahr zu sein, als positive Schöpfungsenergie und Kreativität durch und durch gut zu sein und in seiner Güte alles zu durchdringen und aufzubauen, aber auch schön zu sein, beseligend, beglückend, von nie enden wollender Freude und Heiterkeit, eben das ist es, was uns zu jener höchsten und letzten Eigenschaft führt, die ebenso oder vielleicht noch intensiver als alles andere am Sein wahrnehmbar ist: seine Persönlichkeit, seine kommunikationsfähige Intelligenz, sein Herzschlag, das absolute Du, das allem Sein zugrunde liegt *(lat. esse subsistens)*, und eben dieser Eigenschaft hat die Geistesgeschichte über alles Eine, Wahre, Gute und Schöne hinaus, eben weil es ein „Du“ ist, folgerichtig auch einen Namen gegeben: „Du bist Gott.“ Die Bibel fasst diese Wahrnehmung sogar als Selbstoffenbarung Gottes auf, der aus dem brennenden Dornbusch heraus zu Mose spricht: „Ich bin der Ich-bin-da.“ *(Ex 3,14)* Und mit diesem Gott als dem in allem wahrnehmbaren „Du“ der Schöpfung beginnt die ganze Sehnsuchtsgeschichte und Forschungsgeschichte der Weltreligionen. „Gott, du mein Gott, dich suche ich, meine Seele dürstet nach dir. Nach dir schmachtet mein Leib wie dürres, lechzendes Land ohne Wasser.“ *(Ps 63,2)*

115. Gott und die Seele

„Gott und die Seele begehre ich zu erkennen. Sonst nichts weiter? Ganz und gar nichts.“ *(lat. Deum et animam scire cupio. Nihilne plus? Nihil omnino." – Soliloquia I. 7, 1)* Dieses Bekenntnis, das der lateinische Kirchenvater Augustinus in seinen „Selbstgesprächen“ formuliert hat, steht in krassem Gegensatz zu dem, was im Zeitalter der Aufklärung vorherrschende Meinung war: „Gott, wenn du bist, errette aus dem Grabe meine Seele, wenn ich eine habe.“ So lautet das „Gebet eines Skeptikers“, das dem deutschen Philosophen Arthur Schopenhauer zugeschrieben wird. Es verdeutlicht die lange Tradition von Zweifeln, die sich mit Gott und der menschlichen Seele verbinden. Für einen Außenstehenden mögen Gott und die Seele unsichtbar, unbegreiflich, ja in höchstem Maße unwahrscheinlich sein. Wer sich jedoch in eine persönliche Beziehung mit Gott hineinbegibt, sieht auf völlig neue und überraschende Weise beides wachsen: die Gegenwart Gottes ebenso wie das Vermögen der Seele. Vorbildlich erscheint sich dieser Wachstumsprozess in jenem Raum zu ereignen, der sich zwischen Gott Vater und seinem Sohn Jesus Christus auftut und den wir den Heiligen Geist nennen. In diesem Raum ist die Seele sozusagen die Inkarnation des Heiligen Geistes in der menschlichen Existenz des Jesus von Nazaret. Der Kirchenlehrer Thomas von Aquin sagt: „Wenn wir nun die Stufe oder den Grad der Würde beachten, so steht die Seele in der Mitte zwischen Gott und dem Fleische; und danach kann gesagt werden, der Sohn Gottes habe das Fleisch angenommen vermittelst der Seele.“ *(Si ergo attendamus gradum dignitatis, anima media invenitur inter Deum et carnem. Et secundum hoc, potest dici quod filius Dei univit sibi carnem mediante anima – S. th. III q. 6 a. 1 co.)*

Wo sich die Seele mit Gott verbindet, geschieht Versöhnung: „Wir sind also Gesandte an Christi statt und Gott ist es, der durch uns mahnt. Wir bitten an Christi statt: Lasst euch mit Gott versöhnen!“ *(2 Kor 5, 20)* Warum muss sich ein Mensch überhaupt mit Gott versöhnen? Angesichts des Leids in der Welt, der Ungerechtigkeit, der stellenweisen Vergeblichkeit aller menschlichen Bemühungen, mitten in der Verzweiflung, aus existentieller Enttäuschung über Krankheit und Tod – aus allen genannten Gründen fällt es oft schwer, an einen guten Gott oder an eine sinnvolle Vorsehung zu glauben. *(griech. theodizee)* Wächst in mir jedoch das Bewusstsein, eine Seele zu haben, die mir Anteil an Gottes Wesen gibt und die mich am Ende meiner Tage zum ewigen Leben auferstehen lässt, dann ist in der Tat Versöhnung möglich. Dann kann ich alle Widrigkeiten des Daseins ertragen, weil sie nur Durchgangsstadien sind auf dem Weg zum göttlichen Licht.

Unübertroffen ist die Person-Definition des Boethius, die sich ohne Abstriche auf die Seele übertragen lässt: „Sie ist die individuelle Substanz der vernunftbegabten Natur." *(lat. Persona est rationalis naturae individua substantia)* Das ist es, was wir mit Seele verbinden: die einmalige und unverwechselbare Persönlichkeit, das Ich in aller Vielschichtigkeit, die individuelle Lebensgeschichte.

Von der Traurigkeit der Seele spricht der Passionsbericht: „Meine Seele ist zu Tode betrübt." *(Mt 26, 38)* Jesus gibt vor seiner Gefangennahme das Beispiel eines verzweifelten, angsterfüllten Menschen, der um sein Leben fürchtet. Auch das ist Realität, welche die ganze Sensibilität und Zerbrechlichkeit des Seelennetzes deutlich macht. Dagegen steht die Einsicht im Buch der Psalmen: „Ich ließ meine Seele ruhig werden und still. Wie ein kleines Kind bei der Mutter ist meine Seele still in mir." *(Ps 131, 2)* Mit dieser Vision begeben wir uns mitten in den wunderbaren Raum hinein, der sich zwischen Gott und der Seele auftut und innerhalb dessen sich Gott und die Seele gegenseitig konkretisieren.

116. Seelenwanderung?

Seelenwanderung ist ein sehr fantasievolles Konzept, das mit der Vorstellung von einem Weiterleben der Seele nach dem Tod des Organismus spielt. Allerdings widerspricht dieses Konzept der jederzeit und überall beobachtbaren Tatsache, dass nichts in der Natur austauschbar oder wiederholbar ist. Die Entwicklung des Lebens verläuft linear, sie hat einen Anfang, eine bestimmte Dauer und ein vorhersehbares Ende. Da kann man nicht einfach wie mit einer Zeitmaschine hin- und herspringen oder den Körper wechseln.

Wenn überhaupt, dann könnte man in diesem Zusammenhang von *Metamorphose* sprechen, von Verwandlung, oder von Erfüllung und Vervollständigung *(griech. entelecheia)* von allem, was ursprünglich im Menschen vom ersten Augenblick seines Daseins an angelegt gewesen ist und durch seine Lebensgeschichte hindurch zur Vollendung gelangt.

117. Die Seele wird am Du zum Ich

Martin Buber sagte: „Der Mensch wird am Du zum Ich." Ähnliches gilt für die Seele: Sie kommt im Hinblick auf Gott zu sich. Seele bedeutet Selbsterkenntnis, Selbstvergewisserung, Identität, Individualität, Selbstbejahung jenseits von Egoismus und Narzissmus. Wie wichtig dieser Prozess ist, zeigt sich an dessen Gegensatz, der Selbstentfremdung. Ein sich selbst entfremdeter Mensch ist gedankenlos, oberflächlich, zerstreut, ohne Problembewusstsein, ohne Sinn und Verstand, unkonzentriert, unkritisch, nie Herr seiner selbst und seiner Gedanken. Dagegen strahlt ein in seiner Seele gefestigter, gebildeter und konzentrierter Mensch jenes klare und heitere Licht aus, welches notwendig ist, um die Dinge dieser Welt zuordnen und verstehen zu können.

118. Speicherplatz der Persönlichkeit

Rein philosophisch und weltanschaulich betrachtet lässt sich die Seele als immaterieller Speicherplatz der menschlichen Persönlichkeit auffassen. Das ist insofern nicht ganz abwegig, als ein Mensch mit allem, was ihn in seiner Lebenszeit ausmacht, in gewisser Weise tatsächlich speicherbar bzw. erinnerbar ist. Familienangehörige, Freunde und Bekannte erinnern sich beispielsweise sehr detailgetreu an einen Verstorbenen. Bild- und Tonaufnahmen lassen eine Person auf verblüffende Weise wieder auferstehen. Lebensbeschreibungen oder Autobiografien zeichnen sehr treffend das Bild einer Persönlichkeit, obwohl diese vielleicht gar nicht mehr lebt. Sollte es da nicht möglich sein, in derselben Richtung erfinderisch weiter zu gehen und zu sagen: Bei Gott bleibt meine Seele als Summe meiner Persönlichkeit auf ewig im Gedächtnis? Sehr inspirierend finde ich dazu das zeitgenössische Kirchenlied „Du bist Du" von Paul Janz: „Vergiss es nie: Dass du lebst, war keine eigene Idee, und dass du atmest, kein Entschluss von dir. Vergiss es nie: Dass du lebst, war eines anderen Idee, und dass du atmest, sein Geschenk an dich. Du bist gewollt, kein Kind des Zufalls, keine Laune der Natur, ganz egal ob du dein Lebenslied in Moll singst oder Dur. Du bist ein Gedanke Gottes, ein genialer noch dazu. Du bist du... Das ist der Clou, ja der Clou: Ja, du bist du."

119. Funkwellen des Heiligen Geistes

Bereits Ludwig Feuerbach erkannte, dass Gott ein Teil des menschlichen Bewusstseins ist: „Was dem Menschen Gott ist, das ist sein Geist, seine Seele, und was des Menschen Geist, seine Seele, sein Herz, das ist sein Gott." Nur zog er in seiner so genannten Projektionstheorie daraus die falschen Schlüsse. Um das zu verdeutlichen, gebrauchen wir ganz einfach einen Vergleich aus der Welt der Technik. Man stelle sich vor, die Seele ist ein Radio, die Funkwellen sind der Heilige Geist, und Gott ist der Sender. Gott ist auf geistige Weise im Menschen anwesend, aber er ist nicht mit diesem Menschen identisch, genauso, wie ein Funksender nicht mit dem Empfänger identisch ist. Gott bewirkt durch die Radiowellen seines Heiligen Geistes, dass im Empfänger Mensch die Seele zum Klingen gebracht wird. Dieser Vorgang ist als solcher zwar unsichtbar, aber an seinen Wirkungen eindeutig zu identifizieren. Die rege Tätigkeit, Fantasie, Prophetie und Sehnsucht der Seele beweisen, dass sie von außen her durch Gott inspirierbar ist. In einem Gabengebet in der Fastenzeit heißt es: „Barmherziger Gott, heilige uns durch die Feier dieser Geheimnisse, damit wir frei werden von den verkehrten Bindungen an das Irdische und empfänglich für die Gaben des Himmels."

120. Schöpfung mit Leib und Seele

„Doch frag nur die Tiere, sie lehren es dich, die Vögel des Himmels, sie künden es dir. Oder rede zur Erde, sie wird dich lehren, die Fische des Meeres erzählen es dir. Wer von ihnen allen wüsste nicht, dass die Hand des Herrn dies gemacht hat? In seiner Hand ruht die Seele allen Lebens und jeden Menschenleibes Geist." *(Hijob 12, 7-10)* Der Heilige Geist ist also gleichsam die vollständige, fertige Symphonie, die sich aus Milliarden von seelischen Einzelstimmen aufbaut. Deshalb sagt der schlesische Dichter Angelus Silesius: „Gott ist ein Organist, wir sind sein Orgelwerk. Sein Geist bläst jedem ein und gibt zum Ton die Stärk."

Wie lässt sich auf diesem Hintergrund das Leib-Seele-Problem lösen? Braucht die Seele eigentlich gar keinen Körper? Braucht der Geist keine Materie? Hier muss uns die Bibel zu Hilfe eilen, beispielsweise mit dem Gleichnis vom Weizenkorn: „Wenn das Weizenkorn nicht in die Erde fällt und stirbt, bleibt es allein. Wenn es aber stirbt, bringt es reiche Frucht." *(Joh 12, 24)* Warum sich letztlich die Seele in ihrem sterblichen Körper entfalten und ausdrücken muss, und warum Gott überhaupt eine sterbliche Schöpfung ins Leben gerufen hat – diese Fragen lassen sich nicht beantworten. Für den Augenblick genügt es, das als Tatsache stehen zu lassen und so genau wie möglich zu beschreiben.

Was aus einer Seele werden kann, in der sich Gottes Wort durch seinen Heiligen Geist konkretisiert und im wahrsten Sinne des Wortes herauskristallisiert hat, beschreibt der Evangelist Lukas mit den Worten Jesu Christi: „Der Geist des Herrn ruht auf mir; denn er hat mich gesalbt. Er hat mich gesandt, damit ich den Armen eine frohe Botschaft bringe; damit ich den Gefangenen die Entlassung verkünde und den Blinden das Augenlicht; damit ich die Zerschlagenen in Freiheit setze und ein Gnadenjahr des Herrn ausrufe." *(Lk 4, 18-19)*

121. Die vierte Dimension

Indem wir jedem Menschen eine Seele zusprechen, geben wir der Person eine unsichtbare, vierte Dimension. Über die aktuelle Existenz hinaus wird das menschliche Leben in Vergangenheit, Gegenwart und Zukunft eingebettet. Über das punktuelle Dasein hinaus werden dem Menschen die Weite des Himmels, die Unendlichkeit Gottes und der Ausgriff des einzelnen Seienden ins Sein hinein erschlossen. Seele bedeutet in den Dimensionen der *Zeit* eine dem Vergessen auf immer entrissene Vergangenheit, eine würdige und wertvolle Gegenwart und vor allem den Ruf, ja die Berufung zur Zukunft des neuen, besseren Menschen. Denn die Seele ist die Summe aller Berufungen, Verheißungen und Visionen, mit welchen das Volk Gottes von Anfang an unterwegs war und je neu unterwegs sein möchte. In den Dimensionen des *Raumes* ist die Seele der legitime Anspruch auf Weite, Freiheit, Gestaltungsmöglichkeiten und Entwicklungsspielräume.

Die große Chance in der Rede von der Seele innerhalb einer von der Aufklärung und dem naturwissenschaftlichen Fortschritt geprägten Gesellschaft besteht darin, die sich selbst vielfach entfremdete Persönlichkeit wieder neu mit den Spuren des Heiligen Geistes zu versehen, den Menschen als geliebtes Kind Gottes darzustellen und ihm eine neue Würde zuzusprechen. Denn wer eine Seele hat, die unsterblich und direkt in den Schöpfungskreislauf Gottes einbezogen ist, der ist nicht länger Mittel zum Zweck oder ein austauschbares Rädchen im Getriebe. „Seh' ich den Himmel, die Werke deiner Finger, Mond und Sterne, die du befestigt: Was ist der Mensch, dass du seiner gedenkst, des Menschen Kind, dass du dich seiner annimmst? Du hast ihn nur wenig geringer gemacht als Gott, du hast ihn gekrönt mit Pracht und Herrlichkeit." *(Ps 8, 4-6)*

Was aus einem Menschen werden kann, dem Gott, der Schöpfer von Anbeginn und Quell allen Lebens, sein Wort und seine Weisheit eingeprägt hat, sehen wir an Jesus Christus: „Denn in ihm wohnt die ganze Fülle der Gottheit leibhaftig. Durch ihn seid auch ihr davon erfüllt; denn er ist das Haupt aller Mächte und Gewalten." *(Kol 2, 9-10)* Außerdem setzt das christliche Menschenbild bei der Seele als göttlichem Lebensatem an, wie es im Schöpfungsbericht heißt: „Da formte Gott, der Herr, den Menschen, Staub vom Erdboden, und blies in seine Nase den Lebensatem. So wurde der Mensch zu einem lebendigen Wesen." *(Gen 2, 7)* Seele ist jedoch noch mehr, nämlich übernatürliches Potential, Möglichkeit der Gottesbeziehung, Bindung an den unsterblichen Gott. Der Theologe Karl Rahner nannte das die „Möglichkeit, auf Gott zu hören" *(lat. potentia oboedientialis)* und das „übernatürliche Existential."

122. Die Seele singt ein Lied

Die Seele singt ein Lied. Es kündet von der Vision des zukünftigen und ewigen Lebens bei Gott. Der Dichter Joseph von Eichendorff schreibt in seinem Gedicht *Mondnacht*: „Es war, als hätt' der Himmel die Erde still geküsst, dass sie im Blütenschimmer von ihm nun träumen müsst'. Die Luft ging durch die Felder, die Ähren wogten sacht, es rauschten leis' die Wälder, so sternklar war die Nacht. Und meine Seele spannte weit ihre Flügel aus, flog durch die stillen Lande, als flöge sie nach Haus." Die Seele singt ein Lied. Es erinnert an den Exodus des Volkes Israel und an die Rettung am Schilfmeer: „Der Herr ist König für immer und ewig. Denn als die Rosse des Pharao mit ihren Wagen und ihren Reitern ins Meer zogen, ließ der Herr das Wasser des Meeres auf sie zurückfluten, nachdem die Israeliten auf trockenem Boden mitten durchs Meer gezogen waren. Die Prophetin Mirjam, die Schwester Aarons, nahm die Pauke in die Hand und alle Frauen zogen mit Paukenschlag und Tanz hinter ihr her. Mirjam sang ihnen vor: Singt dem Herrn ein Lied, denn er ist hoch und erhaben! Ross und Reiter warf er ins Meer." *(Ex 2, 18-21)*

123. Die Annahme seiner selbst

Der deutsche Religionsphilosoph Romano Guardini hat einer seiner Schriften den Titel „Die Annahme seiner selbst" gegeben. Genau darum geht es. Wer sich seiner Seele und ihres Wachstums mehr und mehr bewusst wird, gewinnt dadurch eine sich selbst besser würdigende Haltung. Ein positives Selbstkonzept, gesundes Selbstbewusstsein, differenzierte Selbstwahrnehmung, ein Gespür für den Wert meines Lebens über den Tag hinaus und sogar noch über den Tod hinaus – das sind in der Tat wertvolle Perspektiven für das Heranreifen einer von Gott bejahten und von Gott geliebten Persönlichkeit. So ist es müßig, nach einem „Sitz der Seele" zu fragen. Ihre Anwesenheit im Menschen gleicht eher einem mentalen Konzept, das von einer flüchtigen und vorübergehenden Erscheinung oder einem Geistesblitz im Laufe der Zeit zum tragenden Fundament der ganzen Persönlichkeit wird, ja mehr noch: zum Anker, den ein Mensch in Glaube, Hoffnung und Liebe in Gott hineinwirft, um dadurch Ängste und Sorgen zu überwinden und in Gottes Liebe geborgen zu sein. „Wir haben unsere Zuflucht dazu genommen, die dargebotene Hoffnung zu ergreifen. In ihr haben wir einen sicheren und festen Anker der Seele, der hineinreicht in das Innere hinter dem Vorhang; dorthin ist Jesus für uns als Vorläufer hineingegangen." *(Hebr 6, 18-20)* Eine große und wertvolle Hilfe bei der Annahme seiner selbst ist die große Weggemeinschaft der Gottesfamilie, die zusammen mit mir dem lebendigen Gott entgegengeht. Das ist wahrhaftig eine nicht enden wollende Schar von Mühseligen und Beladenen, die jedoch geeint sind in ehrlicher Solidarität und geführt werden durch Christus, den Hirten unserer

Seelen. Eine große spirituelle Kraft geht von dieser Gottesfamilie aus, ein stilles Einverständnis, eine gemeinsame Geisteshaltung, von der Papst Benedikt XVI. einmal sagte: „Wer glaubt, ist nie allein."

124. Sorge um die Seele

Das Wort „Seelsorger" beschreibt sehr treffend die berufliche Tätigkeit eines Geistlichen. Dabei geht es nicht nur um das sozial-caritative Engagement oder die Begleitung in belastenden Lebenssituationen. Ein echter Seelsorger kümmert sich im wahrsten Sinne des Wortes um die Seele dessen, der ihm anvertraut ist. Das heißt, er erinnert einen Gläubigen daran, dass er eine Seele hat, dass er für Gott unendlich wertvoll ist und dass er in die große Schicksalsgemeinschaft aller eingebunden ist, die von Gott herkommen und die auf dem oft mühsamen Weg ihres Lebens wiederum zu Gott zurückkehren. Eigentlich müsste man sagen: Wir kehren heim. „Denn unsere Heimat ist im Himmel. Von dorther erwarten wir auch Jesus Christus, den Herrn, als Retter, der unseren armseligen Leib verwandeln wird in die Gestalt seines verherrlichten Leibes, in der Kraft, mit der er sich auch alles unterwerfen kann." *(Phil 3, 20-21)*

125. Ein Seufzer im Grunde der Seele

Der heilige Bruder Konrad von Parzham sagte einmal: „Das Kreuz ist mein Buch. Ein Blick auf das Kreuz lehrt mich in jeder Lage, wie ich mich zu verhalten habe." Am Kreuz zeigt Jesus Christus seine unzerstörbare Bindung an Gott: „Vater, in deine Hände empfehle ich meinen Geist." *(Lk 23, 46)* Seine Seele sieht bereits das Licht Gottes, zu dem er von Anfang an unterwegs war, und er nimmt den Schächer, der mit ihm zusammen gekreuzigt worden war, auf diese letzte Reise mit: „Amen, ich sage dir: Heute noch wirst du mit mir im Paradies sein." *(Lk 23, 43)* Freilich hat auch die zu Tode betrübte, gekränkte Seele Jesu Christi am Kreuz ihren Ort: „Mein Gott, mein Gott, warum hast du mich verlassen?" *(Mk 15, 34)*

Der deutsche Theologe Sebastian Franck schreibt: „Gott ist ein unaussprechlicher Seufzer, im Grunde der Seelen gelegen." Das passt zur Einsicht des Apostels Paulus: „Denn wir wissen, dass die gesamte Schöpfung bis zum heutigen Tag seufzt und in Geburtswehen liegt. Aber nicht nur das, sondern auch wir, obwohl wir als Erstlingsgabe den Geist haben, auch wir seufzen in unserem Herzen und warten darauf, dass wir mit der Erlösung unseres Leibes als Söhne offenbar werden. Denn auf Hoffnung hin sind wir gerettet." *(Röm 8, 22-24)* Der deutsche Dichter Friedrich von Schiller kennt die Seelenverwandtschaft all derer, die zu Gott unterwegs sind: „O wie schön und wie göttlich ist die Berührung zweier Seelen, die sich auf ihrem Wege zur Gottheit begegnen." Der griechische Dichter Homer weiß, dass die Seele ein Lied singt und sich darum müht, die rechte Melodie erklingen zu lassen: „Ein Gott hat mancherlei Lieder mir in die Seele gepflanzt." Der deutsche Mystiker Meister Eckhart sagt: „In allen übrigen Wesen ist Gott als Wesen, als Tätigkeit, als Empfinden, aber nur in der Seele gebiert er sich. Alle Kreaturen sind eine Fußstapfe Gottes, aber die Seele ist in ihrer Natur Gottes Ebenbild."

126. Eine neue Spiritualität

Die Rede von der Seele kommt jener Tendenz entgegen, die weltweit geradezu mit Händen greifbar ist und zeigt: Die Menschheit als Ganze ist unterwegs, weg vom alten Menschen mit seiner materialistisch-gegenständlichen Spiritualität, hin zum neuen Menschen, der aus dem Geist wiedergeboren ist: „Wundere dich nicht, dass ich dir sagte: Ihr müsst von oben geboren werden. Der Wind weht, wo er will; du hörst sein Brausen, weißt aber nicht, woher er kommt und wohin er geht. So ist es mit jedem, der aus dem Geist geboren ist." *(Joh 3, 7-8)* Deshalb konnte der Religionsphilosoph Romano Guardini das neu aufblühende Interesse und Engagement zahlreicher Gläubiger nach den Schrecken des 2. Weltkrieges auch mit den Worten beschreiben: „Die Kirche erwacht in den Seelen." Und dieser Prozess geht weiter.

127. Die Seele im Buch der Psalmen

Die ganze Bandbreite dessen, was die Seele ausmacht, kommt im Buch der Psalmen auf beeindruckende Weise zur Sprache. Die Seele kann tief erschrocken sein *(Ps 6, 4)*, sie trägt Sorgen *(Ps 13, 3)*, wird zum Herrn erhoben *(Ps 25, 1)*, steigt herauf aus der Totenwelt und wird am Leben erhalten *(Ps 30, 4)*, hat Angst *(Ps 31, 8)*, wir dem Tod entrissen *(Ps 33, 19)*, hofft auf den Herrn *(Ps 33, 20)*, rühmt sich des Herrn *(Ps 34, 3)*, jubelt über den Herrn *(Ps 35, 9)*, lechzt nach Gott wie der Hirsch nach frischem Wasser *(Ps 42, 2)*, dürstet nach dem lebendigen Gott *(Ps 42, 3)*, ist bedrückt *(Ps 42, 6)*, ist in den Staub gebeugt *(Ps 44, 26)*, wird bei Gott allein ruhig *(Ps 62, 2)*, hängt an Gott und seine Rechte hält sie fest *(Ps 63, 9)*; sie lässt sich nicht trösten *(Ps 77, 3)*, verzehrt sich in Sehnsucht nach den Höfen des Herrn *(Ps 84, 3)*, ist mit Leid gesättigt *(Ps 88, 4)*, würde ohne Gottes Hilfe im Schweigen wohnen *(Ps 94, 17)*, wird durch Gottes Tröstungen erquickt , wenn sich die Sorgen im Inneren mehren *(Ps 94, 19)*; sie preist den Herrn *(Ps 103, 1)*, verzagt vor Not *(Ps 107, 26)*, kommt wieder zur Ruhe *(Ps 116, 7)*, verzehrt sich vor Verlangen nach Gottes Entscheiden *(Ps 119, 20)*, klebt im Staub *(Ps 119, 25)*, zerfließt vor Kummer *(Ps 119, 28)*, verzehrt sich nach der Rettung durch Gott und wartet auf sein Wort *(Ps 119, 81)*, bewahrt Gottes Zeugnisse wie Wunderwerke *(Ps 119, 129)*, betrachtet Gottes Zeugnisse und liebt sie innig *(Ps 119, 167)*, will leben, um Gott zu loben *(Ps 119, 175)*, ist übersatt vom Spott der Selbstsicheren und von der Verachtung durch die Stolzen *(Ps 123, 4)*; sie ist wie ein Vogel dem Netz des Jägers entkommen, das Netz ist zerrissen und sie ist frei *(Ps 124, 7)*; sie hofft auf den Herrn und wartet auf sein Wort *(Ps 130, 5)*, ist zur Ruhe gekommen wie ein gestilltes Kind bei seiner Mutter *(Ps 131, 2)*; Gott weckt Kraft in ihr *(Ps 138, 3)*, sie ist vor Gott wie erschöpftes Land *(Ps 143, 6)*, wird von Gott aus der Drangsal herausgeführt *(Ps 143, 11)* und lobt den Herrn *(Ps 146, 1)*.

128. Die Seele – mein besseres Ich

Der Dichter Friedrich Rückert hat ein bemerkenswertes Gedicht verfasst, das dem Wesen der Seele und ihrer innigen Liebe zu Gott sehr nahe kommt, insbesondere deshalb, weil es von jenem „besseren Ich" spricht, das in die Richtung des „neuen Menschen" geht, der nach dem Bild Gottes geschaffen ist. *(vgl. Eph 4, 24)* „Du meine Seele, du mein Herz, du meine Wonn', o du mein Schmerz, du meine Welt, in der ich lebe, mein Himmel du, darein ich schwebe, o du mein Grab, in das hinab ich ewig meinen Kummer gab! Du bist die Ruh, du bist der Frieden, du bist der Himmel, mir beschieden. Dass du mich liebst, macht mich mir wert, dein Blick hat mich vor mir verklärt, du hebst mich liebend über mich, mein guter Geist, mein bessres Ich!"

129. Gegen die Selbstentfremdung

Dem Schriftsteller Ödön von Horváth gelang das bekannte Zitat: „Ich bin nämlich eigentlich ganz anders, aber ich komme nur so selten dazu." Horváth war es auch, der in seinem Theaterstück „Kasimir und Karoline" schrieb: „Man hat halt oft so eine Sehnsucht in sich - aber dann kehrt man zurück mit gebrochenen Flügeln und das Leben geht weiter, als wär man nie dabei gewesen." Diesem fast tragisch anmutenden Hang zur Selbstentfremdung wirkt das Leben der Seele entgegen, die Identität stiftet, die Turbulenzen des Alltags unbeschadet übersteht und als ruhige und stabile Mitte der Persönlichkeit erscheint wie das Auge eines Hurrikans. Vielleicht ist im Zeitalter der Massengesellschaften der Dialog mit Gott die letzte verbleibende Möglichkeit, um überhaupt noch so etwas wie persönliche Identität aufzubauen. Nach menschlichen Maßstäben ist der Mensch nämlich zunehmend austauschbar geworden, je älter, desto lästiger. Ganz anders sieht das im Reich Gottes aus. Da ist der Mensch von Gott erschaffen, von Gott freigegeben und von Gott anerkannt.

130. Der „Gott in mir"

„Ein Schriftgelehrter ging zu Jesus hin und fragte ihn: Welches Gebot ist das erste von allen? Jesus antwortete: Das erste ist: Höre, Israel, der Herr, unser Gott, ist der einzige Herr. Darum sollst du den Herrn, deinen Gott, lieben mit ganzem Herzen und ganzer Seele, mit deinem ganzen Denken und mit deiner ganzen Kraft. Als zweites kommt hinzu: Du sollst deinen Nächsten lieben wie dich selbst. Kein anderes Gebot ist größer als diese beiden." *(Mk 12, 28-31)* Die Liebe zu Gott ist das entscheidende Wesensmerkmal der Seele. Sie ist fasziniert von Gott, sucht immer wieder seine beseligende Gegenwart, möchte immer in seiner Nähe sein, spricht mit ihm, betet zu ihm, denkt Tag und Nacht nur noch an ihn. Diese Liebe wird von Gott erwidert und verstärkt, sodass die Seele fähig wird, mitten in der Beziehung zu Gott und im Genuss der Gottheit den Blick Gottes zu teilen und mit den Augen Gottes auf die Welt zu sehen. Auf einmal werden die Mitmenschen zu Schwestern und Brüdern, die ich ebenso lieben kann wie Gott selbst, weil sie wie ich von Gottes Art sind. Eine Geistesverwandtschaft von Gleichgesinnten und Gleichgestimmten hebt an, hell und freundlich wie die Morgenröte. Die Seele ist sozusagen der „Gott in mir."

131. Konzentration auf das Wesentliche

Die Konzentrationsfähigkeit der Seele verbindet sich mit großen Vorbildern wie Jesus von Nazaret und Franziskus von Assisi. In ihr spiegeln sich die Seligpreisungen der Bergpredigt: „Selig, die arm sind vor Gott; denn ihnen gehört das Himmelreich. Selig, die rein sind im Herzen; denn sie werden Gott schauen.“ *(Mt 5, 3. 8)* Der evangelische Pastor Werner Tiki Küstenmacher rät dazu, sein Leben zu vereinfachen, unnötigen Ballast abzuwerfen und dadurch für das Wesentliche frei zu werden. *(engl. simplify your life)* In der Tat können moderne Zivilisationskrankheiten wie Überlastung, Reizüberflutung, Ausgebranntsein *(engl. burn out)*, Schlaflosigkeit und nervöse Unruhe uns Menschen schwer zu schaffen machen. Da hilft nur eines: dem Packesel seine Last abnehmen, quälende Ängste und Sorgen bewusst aus dem Gedächtnis löschen und frei werden für die ursprüngliche Quelle des Lebens, die in jedes menschliche Bewusstsein hineingeboren ist. Jesus sagt zu seinen überforderten und überanstrengten Jüngern: „Kommt mit an einen einsamen Ort, wo wir allein sind, und ruht ein wenig aus!“ *(Mk 6, 31)* „Kommt alle zu mir, die ihr mühselig und beladen seid! Ich will euch erquicken.“ *(Mt 11, 28)* Wir haben die einzigartige Möglichkeit, Tag für Tag aufs Neue zu uns selbst zurückzukehren und im kleinen, aber lichterfüllten Freiraum der Seele durchzuatmen und Kraft zu tanken.

132. Im Dialog mit Gott

„Das Herz im Himmel, den Himmel im Herzen.“ Dieses geflügelte Wort wird dem antiken chinesischen Philosophen Laotse zugeschrieben. Es verdeutlicht, wie die beiden Gegensätze *Himmel* und *Herz* sich gegenseitig annähern und beeinflussen, ja sogar aneinander wachsen können. Sprechen wir analog dazu von *Gott* und der *Seele*, so wird klar: Indem ich in Gott aufgehe, wächst das Bewusstsein meiner Seele. Indem ich mich immer stärker als Kind

Gottes verstehe, wächst die Weisheit und Erkenntnis Gottes in mir. Der Theologe Karl Rahner spricht in diesem Zusammenhang von der *Transzendenz* Gottes, also seiner überirdischen Wirklichkeit, im Gegensatz zur *Immanenz* des menschlichen Lebens, also seinem konkreten innerweltlichen Dasein. Er schreibt dazu in einem Aufsatz über die immanente und transzendente Vollendung der Welt: „Nähe der Selbstmitteilung Gottes und Eigensein der Kreatur wachsen im gleichen, nicht im umgekehrten Maße. Diese Selbstmitteilung Gottes, in der Gott gerade als der absolut Transzendente sich mitteilt, ist das Immanenteste an der Kreatur." Anders gesagt: Die Spurenelemente des göttlichen Wesens in allem Geschaffenen konkretisieren sich genau da in besonderer Weise, wo sich die Seele als von Gott ausgegangen und zu ihm in beständigem Streben zurückkehrend erlebt.

133. Die Welt mit den Augen Gottes sehen

Die Vision eines Gottes, der seine Schöpfung vollständig durchdacht hat und in der Verinnerlichung der Seelen in einem ewigen Prozess ganz zu sich selbst zurückkehrt, mag dadurch hinterfragt werden, dass die kritische Vernunft einwendet: Ist das nicht gerade jenes animistisch-artifizialistische Weltbild, das Jean Piaget im Weltbild von Kindern wiederentdeckt hat, die an einen Handwerkergott mit übersinnlichen Kräften glauben? Dagegen ist einzuwenden, dass die Schöpfung, soweit wir sie erkennen und naturwissenschaftlich erforschen können, in der Tat ein Höchstmaß an intelligentem Aufbau und durchdachten Strukturen aufweist. Es ist nichts Ehrenrühriges daran, Gott jene übernatürliche Vernunft zuzusprechen, die in allen Prozessen der Natur und Evolution auf Schritt und Tritt festgestellt werden kann und die sogar Chaos und Destruktivität als Bestandteile eines höheren Schöpfungsplanes mit einzuschließen vermag. Wir können sogar noch einen Schritt weiter gehen und sagen: Gotttesmystik ist der gewagte Versuch, sich auf höchstmögliche Weise in Gott hineinzuversetzen und so wie er zu sehen, zu denken, zu fühlen, den Akt der göttlichen Kreativität sozusagen mit Leib und Seele zu verinnerlichen. In diesem Augenblick geht es dann nicht mehr um mein persönliches Weltbild, sondern um den Perspektivenwechsel und Rollentausch von der Warte Gottes aus, eine Einsichtnahme im Sinne Spinozas „unter dem Gesichtspunkt der Ewigkeit." *(lat. sub specie aeternitatis)*

134. Geschichtswahrheiten und Vernunftwahrheiten

„Zufällige Geschichtswahrheiten können der Beweis von notwendigen Vernunftswahrheiten nie werden." Diese Einsicht des deutschen Philosophen Gotthold Ephraim Lessing in seinem Werk „Über den Beweis des Geistes und der Kraft" aus dem Jahr 1777 wirkt wie ein klärendes Gewitter über dem Schicksal des Jesus von Nazaret und über der Interpretation insbesondere seines Kreuzestodes und seiner Auferstehung. Die Seele Christi steht als Vernunftwahrheit über der Geschichtswahrheit seiner Verurteilung zum Kreuzestod. Deshalb können wir sagen: Sein Kreuzestod war eine Geschichtswahrheit. Aber war sie auch eine heilsnotwendige Vernunftwahrheit? Wenn dies so wäre, hätte Gott in seiner unendlich liebevollen und lichterfüllten Gegenwart ein Kreuzesopfer verlangt, um mit der Menschheit versöhnt zu werden. Da wir aber alle nach dem Zeugnis der Heiligen Schrift Kinder Gottes sind, hätte Gott in sich selbst einen Zwiespalt gesät, ja, mehr noch, er hätte sich selbst verletzt, um mit der Menschheit versöhnt zu werden. Wie kann das sein? Menschen verletzen sich selbst, aber niemals Gott. Vielmehr muss gesagt werden: Gott hat selbst an der Geschichtswahrheit des Kreuzestodes Jesu gelitten, um aus diesem Kampf auf Leben und Tod als strahlender Sieger jener Vernunftwahrheit hervorzugehen, die besagt: „Leg mich wie ein Siegel auf dein Herz, wie ein Siegel auf deinen Arm, denn stark wie der Tod ist die Liebe, die Leidenschaft ist hart wie die Unterwelt! Ihre Gluten sind Feuergluten, gewaltige

Flammen. Mächtige Wasser können die Liebe nicht löschen, auch Ströme schwemmen sie nicht hinweg. Böte einer für die Liebe den ganzen Reichtum seines Hauses, nur verachten würde man ihn." *(Hoheslied 8, 6-7)* Nun aber gilt: „Geliebte, wir wollen einander lieben; denn die Liebe ist aus Gott und jeder, der liebt, stammt von Gott und erkennt Gott. Wer nicht liebt, hat Gott nicht erkannt; denn Gott ist Liebe. Darin offenbarte sich die Liebe Gottes unter uns, dass Gott seinen einzigen Sohn in die Welt gesandt hat, damit wir durch ihn leben." *(1 Joh 4, 7-9)* Anders gesagt: Die Welt kann voller Hass sein, grausam und gewalttätig, zerstörerisch und destruktiv. Aber Gott ist ganz anders. Gott ist die Liebe und er wird den Sieg davontragen, um dem Leben zum Durchbruch zu verhelfen und die zerstörerische Kraft des Nichts zu überwinden. Wer mit Gott untrennbar verbunden ist, wird auferstehen zum ewigen Leben. Auferstehung ist das hervorragende Wesensmerkmal Gottes.

135. Die Seele und das biblische Menschenbild

Die Seele ist der Inbegriff und die Zusammenfassung aller biblischen Aussagen über den Menschen als Ebenbild Gottes. Zunächst ist die Seele der göttliche Lebensatem und somit der Ursprung allen Lebens: „Da formte Gott, der Herr, den Menschen, Staub vom Erdboden, und blies in seine Nase den Lebensatem. So wurde der Mensch zu einem lebendigen Wesen." *(Gen 2, 7)* Diesen Schöpfungsakt Gottes qualifiziert der biblische Schöpfungsbericht mit der Rede vom *Bild Gottes*: „Gott erschuf den Menschen als sein Bild, als Bild Gottes erschuf er ihn. Männlich und weiblich erschuf er sie." *(Gen 1, 27)* So wird von Anfang an klar: Wir Menschen sind „von Gottes Geschlecht" *(Apg 17, 28)*. „Er, der allen das Leben, den Atem und alles gibt, hat aus einem einzigen Menschen das ganze Menschengeschlecht erschaffen, damit es die ganze Erde bewohne. Er hat für sie bestimmte Zeiten und die Grenzen ihrer Wohnsitze festgesetzt. Sie sollten Gott suchen, ob sie ihn ertasten und finden könnten; denn keinem von uns ist er fern. Denn in ihm leben wir, bewegen wir uns und sind wir, wie auch einige von euren Dichtern gesagt haben: Wir sind von seinem Geschlecht." *(Apg 17, 25-28)* Nicht nur in der hier zitierten Areopag-Rede des Apostels Paulus kommt die Gottebenbildlichkeit des Menschen zum Tragen. In seinem Brief an die Kolosser schreibt Paulus: „Ihr habt den alten Menschen mit seinen Taten abgelegt und habt den neuen Menschen angezogen, der nach dem Bild seines Schöpfers erneuert wird, um ihn zu erkennen." *(Kol 3, 9-10)* Der schöpferische Charakter der Gottebenbildlichkeit kommt besonders schön im 2. Korintherbrief heraus: „Wir alle aber schauen mit enthülltem Angesicht die Herrlichkeit des Herrn wie in einem Spiegel und werden so in sein eigenes Bild verwandelt, von Herrlichkeit zu Herrlichkeit, durch den Geist des Herrn." *(2 Kor 3, 18)* Den Höhepunkt der Gottebenbildlichkeit jedoch, der wie eine strahlende Ikone zum Vorbild für die göttlichen Möglichkeiten der menschlichen Existenz geworden ist, stellt die Offenbarung des Gottessohnes und Gottmenschen Jesus Christus dar: „Dankt dem Vater mit Freude! Er hat euch fähig gemacht, Anteil zu haben am Los der Heiligen, die im Licht sind. Er hat uns der Macht der Finsternis entrissen und aufgenommen in das Reich seines geliebten Sohnes. Durch ihn haben wir die Erlösung, die Vergebung der Sünden. Er ist Bild des unsichtbaren Gottes, der Erstgeborene der ganzen Schöpfung. Denn in ihm wurde alles erschaffen im Himmel und auf Erden, das Sichtbare und das Unsichtbare, Throne und Herrschaften, Mächte und Gewalten; alles ist durch ihn und auf ihn hin erschaffen. Er ist vor aller Schöpfung und in ihm hat alles Bestand. Er ist das Haupt, der Leib aber ist die Kirche. Er ist der Ursprung, der Erstgeborene der Toten; so hat er in allem den Vorrang. Denn Gott wollte mit seiner ganzen Fülle in ihm wohnen, um durch ihn alles auf ihn hin zu versöhnen." *(Kol 1, 12-20)* „Vielfältig und auf vielerlei Weise hat Gott einst zu den Vätern gesprochen durch die Propheten; am Ende dieser Tage hat er zu uns gesprochen durch den Sohn, den er zum Erben von allem eingesetzt, durch den er auch die Welt erschaffen hat; er ist der Abglanz seiner Herrlichkeit und das Abbild seines Wesens; er trägt das All durch sein machtvolles Wort." *(Hebr 1, 1-3)* Zusammenfassend können wir mit dem Buch der Weisheit sagen: „Gott hat den Menschen zur Unvergänglichkeit erschaffen und ihn zum Bild seines eigenen Wesens gemacht." *(Weish 2, 23)* Auf diese Glaubensaussage baut sich die Erkenntnis der Seele auf, wie sie sich inmitten aller irdischen Vergänglichkeit durchsetzt, verklärt und aufgrund ihrer Wesensverwandtschaft mit Gott zum unvergänglichen Leben aufersteht: „Die Seelen der Gerechten aber sind in Gottes Hand und keine Folter kann sie berühren. In den Augen der Toren schienen sie gestorben, ihr Heimgang galt als Unglück, ihr Scheiden von uns als Vernichtung; sie aber sind in Frieden. In den Augen der Menschen wurden sie gestraft; doch ihre Hoffnung ist voll Unsterblichkeit. Ein wenig nur werden sie gezüchtigt; doch sie empfangen große Wohltat. Denn Gott hat sie geprüft und fand sie seiner würdig. Wie Gold im Schmelzofen hat er sie erprobt und wie ein Ganzopfer sie angenommen. Zur Zeit ihrer Heimsuchung werden sie aufleuchten wie Funken, die durch ein Stoppelfeld sprühen. Sie werden Völker richten und über Nationen herrschen und der Herr wird ihr König sein in Ewigkeit. Alle, die auf ihn vertrauen, werden die Wahrheit erkennen und die Treuen werden bei ihm bleiben in Liebe. Denn Gnade und Erbarmen werden seinen Heiligen zuteil und Rettung seinen Erwählten." *(Weis 3, 1-9)*

136. Die Seele gibt Anteil an Gott

Der Apostel Paulus sagte einmal: „Jetzt freue ich mich in den Leiden, die ich für euch ertrage. Ich ergänze in meinem irdischen Leben, was an den Bedrängnissen Christi noch fehlt an seinem Leib, der die Kirche ist. Ihr Diener bin ich geworden gemäß dem Heilsplan Gottes, um an euch das Wort Gottes zu erfüllen." *(Kol 1, 24-25)* Analog dazu können wir formulieren: Jede Seele ergänzt durch ihren Hervorgang aus Gott und ihre Rückkehr zu Gott, was am

Wesen Gottes noch fehlt, in unendlicher Liebe, Hingabe, selbstloser Opferbereitschaft, Altruismus und Empathie

Seele bedeutet Identität, Selbstfindung, Existenzberechtigung. Dieser Gottebenbildlichkeit darf ich vertrauen und auf sie bauen, jenseits aller schwindenden Intelligenz, aller schwächer werdenden Lebenskraft und über den Tod hinaus. Es gilt, das Bewusstsein darüber, dass in mir eine Seele ist, die zur Entfaltung drängt, immer stärker zu verinnerlichen und so – mit den Worten des Johannesprologs – das göttliche Wort jeden Tag neu in mir selbst Fleisch werden zu lassen.

137. Die Freiheit der Seele

Ein großes Thema beim Nachdenken über das, was die Seele ausmacht, ist das Phänomen der Freiheit. Die Seele besitzt eine ganz ursprüngliche, gottgegebene und gottgewollte Freiheit zur Hingabe. Das zeichnet sie aus. Sie ist die metaphysische Quelle des Altruismus, der in aller Schöpfung verborgen angelegt ist und sich wie in einer gigantischen Evolution still und selbstlos herauskristallisiert. Die Freiheit der Seele zur Hingabe an Gott, an die Mitmenschen, an die Schöpfung, ja an das eigene Dasein, an die eigene Existenz, die Annahme seiner selbst und der Sprung mitten ins Leben hinein zeichnen ihre Berufung aus. Die Seele kann ihre ureigenste Berufung annehmen, die in der Hingabe liegt und die der Apostel Paulus so beschreibt: „Die Schöpfung soll von der Knechtschaft der Vergänglichkeit befreit werden zur Freiheit und Herrlichkeit der Kinder Gottes.“ *(Röm 8, 21)* Mit der freien Entscheidung zur Hingabe tritt die Seele nun aber in einen beständigen Dialog mit der Welt. Es ist, als würde die Seele damit in der Welt die besten und edelsten Kräfte wachrufen und ein vieltausendstimmiges Echo evozieren, das sich in die gesamte Schöpfung hinein fortsetzt, einen Kreislauf entfaltet und wie mit Lichtwellen in die Tiefen der Seele zurückkehrt.

138. Das Ich und die Seele

Jede Überlegung zum Thema Seele muss sich zu ihrer Selbstvergewisserung jener Unterscheidung zuwenden, die der österreichische Psychoanalytiker Sigmund Freud als so genanntes Strukturmodell oder Drei-Instanzen-Modell mit der Unterscheidung von Es, Ich und Über-Ich vorgenommen hat. Das *Es* umfasst nach Freud das Reich der unbewussten Triebe: den Nahrungstrieb, den Sexualtrieb, das Geltungsbedürfnis, Neid, Hass, Vertrauen, das Streben nach Liebe, aber auch den Zerstörungstrieb. Das *Ich* umfasst die Leistungen des menschlichen Selbstbewusstseins und vermittelt zwischen den Ansprüchen des Es, des Über-Ich und der sozialen Umwelt mit dem Ziel, psychische und soziale Konflikte konstruktiv aufzulösen. Dazu zählt man die Bewusstseinsleistungen des Wahrnehmens, des Denkens und des Gedächtnisses, aber auch die Vorstellungen über die eigene Person. Das *Über-Ich* entsteht nach Freud in einem Umwandlungsprozess der Elternbeziehung und gilt als Nachfolger der so genannten Elterninstanz, der ihr nachfolgenden Erziehungspersonen und der idealen Vorbilder, die sich ein Mensch im Laufe seiner Entwicklung aneignet. Sehr gut haben Eric Berne und Thomas A. Harris die Leistungen des Über-Ich in ihrer Transaktionsanalyse als „innere Antreiber" bezeichnet, die der menschlichen Lebensführung wie ehrgeizige Moralapostel schwer zu schaffen machen können und nach Möglichkeit in ihrer fiktiven Realität durchschaut werden müssen. Die Transaktionsanalyse bietet ergänzend zu Freuds Instanzenmodell von Es, Ich und Über-Ich die drei Ebenen von *Kind-Ich*, *Erwachsenen-Ich* und *Eltern-Ich* als mögliche Bewusstseinszustände an, die das Verständnis des eigenen Gefühlshaushaltes und der persönlichen Motivation fördern können. Schließlich wären noch Erika J. Chopich und ihre „Aussöhnung mit dem inneren Kind" zu erwähnen, die das weite Feld des *Es* nach Sigmund Freud mit den frühkindlichen Erfahrungen, Kränkungen und Erinnerungen in den Blick nimmt. Im biblischen Weltbild meint Seele jedoch immer den ganzen Menschen, noch vor jeder Unterscheidung von Bewusstem und Unbewusstem, den Menschen als

Kind Gottes, von Gott erschaffen und erkannt, aus ihm hervorgehend und zu ihm zurückkehrend, den Menschen also als lebendigen Prozess der Menschwerdung, vom Apostel Paulus unübertrefflich beschrieben: „Denn unser Wissen ist Stückwerk und unser prophetisches Reden ist Stückwerk. Wenn aber kommen wird das Vollkommene, so wird das Stückwerk aufhören. Als ich ein Kind war, da redete ich wie ein Kind und dachte wie ein Kind und war klug wie ein Kind; als ich aber ein Mann wurde, tat ich ab, was kindlich war. Wir sehen jetzt durch einen Spiegel in einem dunklen Bild; dann aber von Angesicht zu Angesicht. Jetzt erkenne ich stückweise; dann aber werde ich erkennen, gleichwie ich erkannt bin.“ *(1 Kor 13, 9-12)* Demnach gibt es letztlich keine Spaltung der Persönlichkeit in bewusste und unbewusste Strebungen, wenngleich es sehr hilfreich sein kann, sich dessen bewusst zu werden, wie mein Ich durch frühkindliche Erinnerungsreste auf der einen Seite und idealistische Anforderungen der Obrigkeit auf der anderen Seite deformiert sein mag. Das ist ja gerade das Spannende am biblischen Konzept der Seele, dass sie sozusagen das eingeborene und unverlierbare Guthaben ist, das Gott jedem auch noch so klein und unbedeutend erscheinenden Teil seiner Schöpfung gnadenreich zugeeignet hat, ein Talent, das weder verdrängt noch vergraben werden darf, sondern das aufblüht und sich entwickelt, auf dass Gott in ihm zum Bewusstsein komme und dass er sich so vollständig und untrüglich selbst begreife. *(vgl. Mt, 25, 14-30; Lk 19, 12-27)*

139. Die Heiterkeit der Seele

Der antike griechische Schriftsteller Plutarch hat sich in seinen „Moralia“ mit der „Heiterkeit der Seele“ beschäftigt. Es geht ihm um die Freiheit der Seele von Schmerz und um die Leidenschaften der Seele. Eine heitere Seele entsteht dadurch, dass ein Mensch seiner Berufung folgt und ein im Rhythmus von Arbeit und Muße harmonisch geordnetes Leben führt. Heutzutage würde man diese

Haltung als „flow“ bezeichnen. Das ist jenes Glücksgefühl, das sich bei einer kreativen Tätigkeit einstellt, die wie von selbst und spielerisch vor sich geht und die in keines der Extreme der Überforderung auf der einen Seite oder der Unterforderung auf der anderen Seite abgleitet. Wenn wir in diesem Zusammenhang von einer persönlichen individuellen Berufung sprechen wollen, so zielen jedes Unbehagen, jede Unausgeglichenheit oder Unzufriedenheit darauf ab, der inneren Berufung der Seele instinktiv den Weg zu bereiten. Was dem Wachstum der Seele dient, wird sich über kurz oder lang durchsetzen, was dieses Wachstum behindert, wird auf Dauer Unruhe und Unzufriedenheit erzeugen. Natürlich wird es bei dieser Sichtweise jede Menge unentwickeltes Seelenpotential geben, was aber ganz allgemein bei allen Wachstumsprozessen der Natur, ja in der gesamten raumzeitlichen Vergänglichkeit der Schöpfung der Fall ist. Außerdem beinhaltet das Wachstum der Seele nicht nur eine bestimmte Berufung zu einer spezifischen Arbeit oder Tätigkeit, sondern vor allem den Ruf zu Hilfsbereitschaft, Selbstlosigkeit, Mitmenschlichkeit, ja zu allen menschlichen Strebungen, die der Wahrheit, Güte und Schönheit Gottes seinem Wesen nach zum Durchbruch und zur Vollendung verhelfen. Sehr schön sagt Plutarch: „Wie der Schuh sich nach dem Fuß richten muss und nicht umgekehrt, so gestaltet sich auch des Menschen Seele das Leben nach ihrem Vorbild. Denn es ist nicht, wie man gesagt hat, die Gewohnheit, welche die beste Art der Lebensführung für den, der sie wählt, angenehm macht. Es ist vielmehr die Lebensklugheit, in der sich die Lebensführung gleichzeitig zu der besten und zu der angenehmsten gestaltet. In uns selber ruht die Quelle, aus der die Heiterkeit der Seele fließt. Halten wir sie rein und klar, damit wir auch mit den Dingen der Außenwelt bekannt und vertraut werden und sie ohne Verdrießlichkeit zu ertragen lernen.“

Darüber hinaus darf natürlich jene viel ursprünglichere Quelle nicht übersehen werden, aus der sich die Heiterkeit der Seele nährt, und das ist und bleibt die Heiterkeit Gottes. Ein frühchristlicher Christushymnus aus der Mitte des 2. Jahrhunderts bezeichnet nämlich das Licht, das aus Gott hervorgeht, als „heiteres Licht.“

(griech. phos hilaron) Dort heißt es: „Heiteres Licht vom herrlichen Glanze deines unsterblichen, heiligen, seligen himmlischen Vaters: Jesu Christe! Siehe, wir kommen beim Sinken der Sonne, grüßen das freundliche Licht des Abends, singen in Hymnen Gott, dem Vater, singen dem Sohn und dem Heiligen Geiste. Würdig bist du, dass wir dich feiern, zu allen Zeiten mit heiligen Liedern, Christus, Sohn Gottes, Bringer des Lebens; dich lobpreise die ganze Erde."

140. Braucht Gott ein Zuhause?

Man mag sich fragen, warum für Gott Tempel, Gotteshäuser, Kirchen, Kathedralen, Moscheen, Wallfahrtsstätten und Gebetshäuser errichtet werden, als ob Gott eine konkrete Persönlichkeit sei, die ein Zuhause oder einen Empfangsraum bräuchte. Dabei sagt doch Stephanus laut dem Zeugnis der Apostelgeschichte: „Der Gott, der die Welt erschaffen hat und alles in ihr, er, der Herr über Himmel und Erde, wohnt nicht in Tempeln, die von Menschenhand gemacht sind." *(Apg 17, 24)* Außerdem kennen die monotheistischen Weltreligionen das Phänomen des Gebetes, das auf einem Ich-Du-Dialog mit Gott aufbaut. Schließlich dokumentieren die Heiligen Schriften dieser Religionen vielfältige Äußerungen dieses Gottes, die sie Offenbarungen nennen und die von den großen Propheten wie in persönlichen Gesprächen wahrgenommen und weitergetragen worden sind. Warum ist das so? Was sagt uns das über Gott? Die einfachste und logischste Erklärung ist die, dass Gott tatsächlich real als Person oder Persönlichkeit wahrgenommen wird und dass Gott demzufolge auch wie eine konkrete Person behandelt wird, mit der man spricht, für die man ein Haus baut, die man um etwas bittet, der man für etwas dankt, bei der man sich über etwas beklagt, die man verehrt, deren Nähe man verspürt, über deren Wohlwollen und Liebe man sich freut, die einen glücklich macht, die einen die Einsamkeit vergessen lässt und bei der man sich geborgen fühlt. All das löst Gott aus, und zwar durch die Wirkung seines Wesens und durch die Ausstrahlung, die von seiner sehr persönlichen Gegenwart ausgeht. Tempel, Gebete und Offenbarungen sind also folgerichtige, deduktive Reaktionen auf die Anwesenheit eines persönlichen Gottes, welche Anwesenheit induktiv erfahrbar ist und, seit es so etwas wie Religiosität gibt, auch tatsächlich durchgängig so erfahren worden ist.

141. Im Spannungsfeld des Heiligen Geistes

„Die Liebe Gottes ist ausgegossen in unsere Herzen durch den Heiligen Geist, der uns gegeben ist." *(Röm 5, 5)* Der Heilige Geist bringt Liebe ins Herz. Er gleicht den Strahlen der Sonne, die wärmen und heilen. Gottes Gnadensonne scheint in meine Seele, um sie wachsen zu lassen. Ferner kann man sagen, dass der Heilige Geist der Inbegriff aller Ich-Du-Beziehungen ist, innerhalb derer Gott mit seiner Schöpfung fortwährend im Gespräch bleibt. Dies ist ein entschieden dialogisches Weltbild, weil eben alles in der Welt auf Dialog angelegt ist. Alles hängt mit allem zusammen, alles ist von allem abhängig. Wir sind aufeinander angewiesen. Und diese Tatsache setzt sich folgerichtig in der Gottesbeziehung fort. Gott wird in der Bibel von Anfang an als der dargestellt, der *spricht*: „Gott sprach: Es werde Licht. Und es wurde Licht." *(Gen 1, 3)* „Vielfältig und auf vielerlei Weise hat Gott einst zu den Vätern gesprochen durch die Propheten." *(Hebr 1, 1)* Gott spricht aber auch durch die Natur, durch die Tageszeiten und die Jahreszeiten, durch die Tier- und Pflanzenwelt, durch Wetter und Gezeiten, durch Landschaften, durch Erfahrungen und Erlebnisse, durch den Lauf der Geschichte. Überall, wo ein Mensch die Realitäten des Daseins auf ihren Ursprung und ihr Ziel hin hinterfragt, geschieht letztlich Religion *(lat. re-ligio = Rückbindung)*, Bezugnahme auf Gott, Erkenntnis im Lichte Gottes, Liebe zu allem, was von Gott ausgeht und zu ihm zurückkehrt. Die Seele ist dabei das durch die Wirkungen des Heiligen Geistes herausgebildete Organ des Dialogs mit Gott. Die Seele nimmt in mystischer Weise intuitiv wahr, wie sie selbst auch umgekehrt von Gott wahrgenommen wird: „Dann aber werde ich durch und durch erkennen, so wie ich auch durch und durch erkannt worden bin.“ *(1 Kor 13, 12)* Dies ist eine Sternstunde der Gnade „in Wahrheit und Liebe.“ *(2 Joh, 3)* Dort ist meine Seele ganz zu sich selbst gekommen. Sie hat das Bewusstsein erlangt und streckt sich voller Liebe und Sehnsucht nach Gott aus, auf dass sie weiter erstarken und ihn noch klarer erkennen möge.

142. Selbstvergewisserung

Der Begriff der Selbstvergewisserung erscheint als höchst bedeutsame geistige Aktivität dem Leben der Seele zugeordnet zu sein. Die Selbstvergewisserung bringt sozusagen ein Schwergewicht in jene Waagschale ein, die der Immanenz im Gegensatz zur Transzendenz zu eigen ist. Damit die Waage des Lebens im Fließgleichgewicht stehen kann, bedarf es immer wieder des Ausgleichs zwischen den Gegensätzen. Wer immer nur von seiner eigenen Existenz überzeugt ist, vergisst den Gegensatz der Außenwelt. Wer immer nur um sich selbst kreist, vergisst den Gegensatz der Außenwahrnehmung und Fremdwahrnehmung. Innen und Außen, Immanenz und Transzendenz, Subjekt und Objekt, Seele und Gott können immer nur aneinander, miteinander und im dialogischen Austausch gesehen werden. Der traditionelle Ansatz „Gott ist alles, der Mensch ist nichts“ greift zu kurz. Es gilt, den Pendelschlag zwischen Zeitlichem und Ewigem in Gang zu halten und auszuhalten. Nur so kommen wir zu einer ausgewogenen Weltanschauung. Mit Martin Buber bekennen wir: „Der Mensch wird am Du zum Ich.“ Ohne Gott gibt es keine Seele und ohne Seele keinen Gott. Beide Gegensätze erklären und bedingen sich gegenseitig. Das gleicht dem physikalischen Phänomen der „kommunizierenden Röhren.“ So bezeichnet man oben offene, aber unten miteinander verbundene Gefäße. Eine homogene Flüssigkeit steht in ihnen gleich hoch, weil die Schwerkraft und der Luftdruck konstant sind. Genauso stehen Gott und die Seele zueinander, weil sie beide im übertragenen Sinn nach oben hin offen und füreinander da sind. Was sie wie eine homogene Flüssigkeit gegenseitig erfüllt, ist der Heilige Geist, der in allem wirkt und schafft.

143. Nahtoderfahrungen

Wer von der Seele spricht, kann heutzutage auf relativ gut bezeugte Nahtoderfahrungen zurückgreifen, die rein phänomenologisch dem, was als Seele direkt erfahrbar und beschreibbar ist, am nächsten kommt. Im Sinne des Leib-Seele-Problems wird nämlich bei klinisch toten Patienten der Faktor „Leib", die Herztätigkeit bzw. die Gehirntätigkeit für eine bestimmte Zeit eliminiert. Dennoch scheint dabei eine außergewöhnliche Form der sinnlich-geistigen Wahrnehmung weiterzugehen, die es eigentlich gar nicht geben dürfte, wenn mit dem Stillstand des Organismus auch der Geist tot sein sollte. Doch das ist nicht der Fall. Eine unabhängige geistige Größe befähigt Patienten offenbar dazu, sich selbst und ihre Lage etwa im Operationssaal oder im Krankenzimmer von einer höheren Warte aus weiter zu verfolgen. Aber nicht nur dieser Perspektivenwechsel ist bemerkenswert, sondern auch die hohe Übereinstimmung zahlreicher Patientenschilderungen, die von einem Glücksgefühl, einem wunderbaren Licht am Ende eines langen Tunnels und von einer großen Vertrautheit für das sprechen, was ihnen aus diesem Licht persönlich entgegenkommt. Unfallopfer berichten, dass ihr Leben wie in einem Film vor ihrem geistigen Auge abläuft. All das deutet in Richtung Seele. Und das ist auch nicht weiter verwunderlich. Denn was die Seele ist und wie sie sich äußert, beschreiben die Heiligen Schriften der großen Weltreligionen seit Jahrtausenden. Dagegen greifen rein naturwissenschaftliche Erklärungsversuche zu kurz. Sie geben als Grund für Nahtoderfahrungen an, dass das Gehirn nach einem Herzstillstand nicht mehr mit Blut und damit mit Sauerstoff versorgt wird und dass die kognitiven Verarbeitungsprozesse zwischen Bewusstlosigkeit und Hirntod für kurze Zeit extrem ansteigen können. Dieser Begründungszusammenhang hat nur einen Schönheitsfehler: Die Bewusstlosigkeit als solche ist absolut kein zureichender Grund für eine Nahtoderfahrung, sondern höchstens deren Begleiterscheinung. Es wäre sogar absurd, zu behaupten, es gäbe eine Nahtoderfahrung, weil die Bewusstlosigkeit wissenschaftlich exakt festgestellt und nachgewiesen worden wäre. Eigentlich müsste es ja gerade dann, eben im Wortsinn der Bewusstlosigkeit, gerade *keine* Bewusstseinsaktivität mehr geben. Aber das Gegenteil ist der Fall. Wenn nun aber ein Organ wie das Gehirn mit seiner Bewusstseinsleistung zwischen Bewusstlosigkeit und Hirntod fast noch besser funktioniert als je zuvor, und wenn es dabei sogar noch wie bei einem Schock zu einem Gefühl der Euphorie mit einer starken Ausschüttung hirneigener Glücksstoffe kommt, stellt sich spätestens an dieser Stelle doch die Frage nach dem tieferen Sinn dieses ganzen Bewusstseinsaufwandes. Hat es die Natur einfach nur „ganz nett" so eingerichtet, dass wir vor dem Tod noch einmal Glücksgefühle empfinden? Oder ist das eine zufällige Begleiterscheinung beim Organsterben, ohne Sinn und Zweck? In jedem Fall ist die Bewusstlosigkeit als solche kein zureichender Grund für eine Nahtoderfahrung. Genauso könnte man dann sagen: Ich höre ein Echo, ich kann seine Lautstärke messen, ich kann seine Tonqualitäten beschreiben, aber weil es eben nur ein Echo ist, kann es dafür keine reale Ursache geben. Das wäre schlichtweg zu ungenau beobachtet, reine Mutmaßung, die nichts anderes wäre als die Verwechslung von Ursache und Wirkung. Wie jedes Kind weiß, ist die menschliche Stimme (oder eine andere Schallquelle) die Ursache des Echos, verbunden mit einer landschaftsbedingten Verzögerung der Reflexionen einer Schallwelle, und das Echo selbst ist die Wirkung. Wie wäre es, zu sagen: Die Nahtoderfahrung ist das Echo, und das, was wir Seele nennen, ist die Ursache für dieses Echo?

144. Eine Freiheitsgeschichte

Die Königsdisziplin innerhalb jeder Rede von der Seele ist ihr Bezug zur Freiheit. Die Seele begründet und garantiert die freie, autonome, autarke Entfaltung der Persönlichkeit. Sie ist ihr Quellgrund und ihre Möglichkeit zum Dialog mit Gott. Die Seele befreit vom Tod und überwindet Existenzängste, weil sie der Garant der Unsterblichkeit ist. Im biblischen Sinn bedeutet Seele die Wesensverwandtschaft des Menschen mit Gott, vermittelt durch den Heiligen Geist. So bezeichnet der Hebräerbrief des Apostels Paulus die Gläubigen als „jene, die einmal erleuchtet worden sind, die von der himmlischen Gabe genossen und Anteil am Heiligen Geist empfangen haben." *(Hebr 6, 4)* Und diese Teilhabe am Heiligen Geist wirkt von sich aus erlösend und befreiend, wie am Vorbild Jesu Christi abzulesen ist: „Der Herr aber ist der Geist; wo aber der Geist des Herrn ist, da ist Freiheit." *(2 Kor 3, 17)*

Die Seele ist im Raum der Freiheit so recht in ihrem Element. Jede Seele braucht Freiraum zur Entfaltung, Freiraum, den die Stille gewährt, aber auch Gestaltungsspielraum, denkerische Freiräume, Freiheit von Angst, Schuld und Not, Freiheit von Zwang und Ungerechtigkeit. Aus diesem Grund hat sich in der emanzipatorischen Geschichte der Menschheit der Anspruch der Freiheit mehr und mehr verfestigt. Legendär klingt dazu das Zitat des deutschen Philosophen Georg Wilhelm Friedrich Hegel: „Die Weltgeschichte ist der Fortschritt im Bewusstsein der Freiheit." Folgerichtig hat sich in der Allgemeinen Erklärung der Menschenrechte von 1948 wie auch im Grundgesetz für die Bundesrepublik Deutschland von 1949 ein Kompendium von unveräußerlichen Freiheitsrechten herausgebildet, die der unantastbaren Würde des Menschen dienen und die sich das Volk „im Bewusstsein seiner Verantwortung vor Gott und den Menschen" gegeben hat. Dazu gehören im Anschluss an die Trias von Freiheit, Gleichheit und Brüderlichkeit *(frz. liberté, égalité, fraternité)* der Französischen Revolution so bedeutende Freiheitsrechte wie die allgemeine Handlungsfreiheit, das Recht auf Leben und körperliche Unversehrtheit, Gewissensfreiheit, Religionsfreiheit, Meinungsfreiheit, Versammlungsfreiheit und Eigentumsfreiheit. Alle diese Freiheitsrechte sind Geist vom Geist des Christentums, vielleicht das Beste, was vom so genannten Abendland je hervorgebracht worden ist.

Der frühere deutsche Bundespräsident Theodor Heuss sagte 1956 in einer seiner „Reden an die Jugend“: „Es gibt drei Hügel, von denen das Abendland seinen Ausgang genommen hat: Golgatha, die Akropolis in Athen, das Capitol in Rom. Aus allen ist das Abendland geistig gewirkt, und man darf alle drei, man muss sie als Einheit sehen.“ Diese Einheit von Glaube, Vernunft und Recht ist nun aber das, was man praktizierte Freiheit nennen kann, eine echte Berufung zum geistig-seelischen Selbstvollzug, der den Menschen über sich selbst erhebt, ja ihn erst zu einem besseren Menschen macht. Dass es dabei immer um die Überwindung äußerer Zwänge und Hindernisse und zugleich um die Durchsetzung geistiger Ideale geht, also um den Aufbau des Reiches Gottes mitten in dieser endlichen Welt, wusste der Apostel Paulus: „Wenn auch unser äußerer Mensch aufgerieben wird, der innere wird Tag für Tag erneuert. Denn die kleine Last unserer gegenwärtigen Not schafft uns in maßlosem Übermaß ein ewiges Gewicht an Herrlichkeit, uns, die wir nicht auf das Sichtbare, sondern auf das Unsichtbare blicken; denn das Sichtbare ist vergänglich, das Unsichtbare ist ewig.“ *(2 Kor 4, 16-18)*

145. Die drei Zeitalter

Gott ist Licht. Wer sich auf diese johanneische Botschaft einlässt, wird nicht umhin können, in der Heilsgeschichte Gottes eine kontinuierliche Entwicklung festzustellen, und zwar nicht nur von der Finsternis zum Licht, sondern auch weg vom Gesetz und hin zur Gnade, vom alten Menschen zum neuen Menschen, vom Alten Bund zum Neuen Bund, vom Buchstaben zum Geist oder von der Knechtschaft zur Freiheit. Auf anschauliche Weise hat der mittelalterliche Zisterzienser-Abt Joachim von Fiore diese Entwicklung in seiner Lehre von den drei Zeitaltern dargestellt. Er schreibt: „Die Losungen der Heiligen Schrift überliefern uns drei Weltzustände: Den ersten, in dem wir unter dem Gesetz waren; den zweiten in der Gnade, den dritten, den wir in Bälde erwarten, in noch reicherer Gnade; denn Gnade gab er uns um Gnade, sagt Johannes *(Joh 1, 16)* oder Glauben für Liebe und beides zusammen. Der erste Status war in der Wissenschaft, der zweite in der Macht der Weisheit, der dritte in der Vollkommenheit der Erkenntnis. Der erste in der Knechtschaft der Sklaven, der zweite in der Dienstbarkeit der Söhne, der dritte in der Freiheit. Der erste in Plagen, der zweite in der Aktion, der dritte in der Kontemplation. Der erste in der Furcht, der zweite im Glauben, der dritte in der Liebe. Der erste im Zustand der Knechte, der zweite der Freien, der dritte der Freunde. Der erste der Knaben, der zweite der Männer, der dritte der Alten. Der erste im Sternenlicht, der zweite in der Morgenröte, der dritte im vollen Tageslicht. Der erste steht im Winter, der zweite im Frühlingsanfang, der dritte im Sommer. Der erste bringt Nesseln hervor, der zweite Rosen, der dritte Lilien. Der erste bringt Gras, der zweite Halme, der dritte Weizen. Der erste Wasser, der zweite Wein, der dritte Öl... Daher gehört der erste Status zum Vater, der der Schöpfer von allem ist, und fängt mit dem ersten Vater an: „Der erste Mensch ist aus Erde und irdisch, der zweite Mensch ist vom Himmel." *(1 Kor 15, 47)* Der zweite Status gehört zum Sohn, der sich gewürdigt hat, unser Fleisch anzunehmen, damit er darin fasten und leiden könne, um so den Zustand des ersten Menschen zu erneuern, der gefallen war, indem er vom Baum der Erkenntnis aß. Der dritte Status gehört zum Heiligen Geist, von dem der Apostel sagte: „Wo der Geist des Herrn ist, da ist Freiheit." *(2 Kor 3, 17)* Erkenne darum in Buchstaben des Alten Testamentes, das die Wissenschaft des Anfanges ist, das Bild des Vaters; im Buchstaben des Neuen Testamentes, das Buchstaben vom Buchstaben und Wort vom Worte ist, das Bild des Sohnes; in der geistigen Erkenntnis, die aus beiden zusammen hervorgeht, das Bild des Heiligen Geistes." So erhält Hegels Aussage „Gott ist der ewige Prozess" Ursprung, Mitte und Ziel: Es ist der in seiner Schöpfung sich selbst begreifende Gott.

Gott ist Licht. Diese Aussage hat sich mir dahingehend erschlossen, dass Gott immer und überall gegenwärtig ist, dass seine Gegenwart heilsam ist und Geborgenheit schenkt. Bleibend in meinem Bewusstsein verankert ist mir die Vorstellung, die der Dichter Rainer Maria Rilke in seinem „Stundenbuch" als „Nachbar Gott" bezeichnet hat. Dort heißt es: „Du, Nachbar Gott, wenn ich dich manches Mal in langer Nacht mit hartem Klopfen störe, so ist's, weil ich dich selten atmen höre und weiß: Du bist allein im Saal. Und wenn du etwas brauchst, ist keiner da, um deinem Tasten einen Trank zu reichen: Ich horche immer. Gib ein kleines Zeichen. Ich bin ganz nah. Nur eine schmale Wand ist zwischen uns, durch Zufall; denn es könnte sein: ein Rufen deines oder meines Munds – und sie bricht ein ganz ohne Lärm und Laut. Aus deinen Bildern ist sie aufgebaut. Und deine Bilder steh'n vor dir wie Namen. Und wenn einmal in mir das Licht entbrennt, mit welchem meine Tiefe dich erkennt, vergeudet sich's als Glanz auf ihren Rahmen. Und meine Sinne, welche schnell erlahmen, sind ohne Heimat und von dir getrennt."

Nun aber sind meine Sinne nicht erlahmt, sondern gestärkt durch „das aufstrahlende Licht aus der Höhe." *(Lk 1, 78)* „Denn Gott, der sprach: Aus Finsternis soll Licht aufleuchten!, er ist in unseren Herzen aufgeleuchtet, damit wir erleuchtet werden zur Erkenntnis des göttlichen Glanzes auf dem Antlitz Christi." *(2 Kor 4, 6)* Der „Nachbar Gott" meint es immer noch gut mit uns und kommt sogar von sich aus auf uns zu: „Siehe, ich stehe vor der Tür und klopfe an. Wenn einer meine Stimme hört und die Tür öffnet, bei dem werde ich eintreten und Mahl mit ihm halten und er mit mir." *(Offb 3, 20)* Es liegt also an uns, auf diese Stimme zu hören und uns für Gott zu öffnen. Der ewige Dialog der Seele mit Gott, von unzähligen Generationen von Gottsuchern gepflegt, will wieder neu belebt und in die nächsten Generationen weitergetragen werden. Was diesen Dialog so beglückend und heiter macht, das hat der christlich-spätantike Dichter Aurelius Prudentius Clemens (348 – 405) so beschrieben:

„Seht, golden steigt das Licht empor -
da schwindet hin die dunkle Nacht,
die unsren richtungslosen Schritt
hart an des Abgrunds Rand gebracht.

Des neuen Tages heit'res Licht
dringt tief in unsre Seele ein
und macht, von Arglist ungetrübt,
des Herzens Streben klar und rein.

Von Aug und Zunge, Mund und Hand
bleib jede böse Regung fern;
so führe uns der neue Tag
aus Finsternis zum Licht des Herrn.

Ein Auge schaut auf uns herab,
das über unsrem Leben wacht:
es sieht voll Güte unser Tun
vom frühen Morgen bis zur Nacht.

Und jener letzte Morgen einst,
den wir erfleh'n voll Zuversicht,
er finde wachend uns beim Lob,
und überströme uns mit Licht.

Gott Vater, dir und deinem Sohn
sei Lob und Dank und Herrlichkeit,
und auch dem Geist, der bei uns ist,
jetzt und in alle Ewigkeit. Amen."

Balthasar, Hans Urs von: Die Wahrheit ist symphonisch. Einsiedeln 1972.

Bamberger, Eckehard: Gott und ich. Eine Partnerschaft für immer und ewig. Wien 2017.

Blume, Michael: Evolution und Gottesfrage. Charles Darwin als Theologe. Freiburg im Breisgau 2013.

Dawkins, Richard: Der Gotteswahn. Berlin 2007.

Delbrêl, Madeleine: Gott einen Ort sichern. Texte - Gedichte - Gebete. Hrsg. von Annette Schleinzer. Kevelaer 2015.

Faber, Roland: Prozesstheologie. Zu ihrer Würdigung und kritischen Erneuerung. Mainz 2000.

Fiore, Joachim von: Das Reich des Heiligen Geistes. Planegg 1955.

Freud, Sigmund: Eine Kindheitserinnerung des Leonardo da Vinci. Frankfurt am Main 1995.

Fromm, Erich: Anatomie der menschlichen Destruktivität. Hamburg 1988.

Frossard, André: Gott existiert. Ich bin ihm begegnet. Freiburg im Breisgau 1970

Gerhards, Albert: Licht. Ein Weg durch Räume und Zeiten der Liturgie. Regensburg 2011.

Guardini, Romano: In Spiegel und Gleichnis. Bilder und Gedanken. Mainz 1990.

Haug, Achim: Das kleine Buch von der Seele. Ein Reiseführer durch unsere Psyche und ihre Erkrankungen. München 2017.

Hegel, Georg Wilhelm Friedrich: Vorlesungen über die Philosophie der Religion. Hrsg. von Walter Jaeschke. Hamburg 1984.

Long, Jeffrey: Beweise für ein Leben nach dem Tod. München 2010.

Manz, Ulrich: Vom Wesen der Gestalt. Ein Beitrag zur theologischen Erkenntnislehre. Wallerstein 2016.

Meister Eckhart: Vom Adel der menschlichen Seele. Hrsg. von Gerhard Wehr. Köln 2014.

Moser, Tilmann: Gottesvergiftung. Berlin 1980.

Newberg, Andrew, d' Aquili, Eugene, Rause, Vince: Der gedachte Gott. Wie Glaube im Gehirn entsteht. München 2008.

Platon: Der Staat (Politeia). Stuttgart 2000.

Plutarch: Von der Heiterkeit der Seele. Leipzig 1992.

Rahner, Karl: Frömmigkeit früher und heute. In: Zur Theologie des geistlichen Lebens. Schriften zur Theologie VII. Einsiedeln 1966.

Siewerth, Gustav: Das Sein als Gleichnis Gottes. Heidelberg 1958.

Sudbrack, Josef: Wege zur Gottesmystik. Einsiedeln 1980.

Vorgrimler, Herbert: Theologische Gotteslehre. Düsseldorf 1985.

Whitehead, Alfred North: Prozess und Realität. Frankfurt 1979.

MIX
Papier aus verantwortungsvollen Quellen
Paper from responsible sources
FSC® C105338

Printed by Books on Demand GmbH, Norderstedt / Germany